Tarot und Kabbala

Band II

Kabbala und Numerologie

Samael Aun Weor

Verlag Heliakon

Verlag Heliakon

Originaltitel: El Sendero Iniciatíco en los Arcanos del Tarot y Kábala
Umschlaggestaltung: Verlag Heliakon
Übersetzung aus dem Spanischen
Übersetzer: Osmar Henry Syring

ISBN: 978-3-943208-28-3

Druck und Vertrieb: BoD - Books on Demand, Norderstedt

2016 Verlag Heliakon
www.verlag-heliakon.de
info@verlag-heliakon.de

Die Deutsche Nationalbibliothek verzeichnet diese Publikation in der Deutschen Nationalbibliografie; detaillierte bibliografische Daten sind im Internet über www.dnb.de abrufbar.

Inhaltsverzeichnis

Das Absolute....7
Ain....9
Ain Soph....11
Ain Soph Aur....17
Ain Soph Paranishpana....21
Der Lebensbaum....29
Die Sephiroth....35
Kether....41
Chokmah....45
Chesed....53
Geburah....57
Tiphereth....59
Netzach....63
Hod....67
Jesod....71
Malkuth....77
Die Kliphen....81
Daath, das tantrische Wissen....85
Die Einweihung von Thipheret....91
Numerologische Tafel....103
Die Zahl 1....107
Die Zahl 2....109
Die Zahl 3....113
Die Zahl 4....117
Die Zahl 5....119
Die Zahl 6....121
Die Zahl 7....123
Die Zahl 8....125
Die Zahl 9....127

Die sieben Gemeinden der Apokalypse des Heiligen Johannes und ihr Bezug zum Lebensbaum der Kabbala..........................129
Die Kabbala und das Geburtsdatum..133
Der innere Drang..137
Die grundlegende Tendenz..139
Die Tendenz des Tages..141
Das Ereignis des Tages..143
Vorbereitung..147
Esoterische Disziplin des Verstandes....................................157
Vorhersage - Zusammenfassung 171
Befragung des Tarot..173
Die gnostische Verehrung des Agnosthos Theos....................175

Die Zehn Sephiroth

Das Absolute

Das Absolute ist das Sein alles Seins. Das Absolute ist das, was ist, immer war und immer sein wird. Es drückt sich in Form abstrakter absoluter Bewegung und Ruhe aus. Es ist die Ursache von Geist und Materie und ist doch weder das Eine noch das Andere. Das Absolute liegt jenseits des Verstandes; und der Verstand kann es nicht begreifen, weil wir sein Wesen durch Intuition erspüren müssen. Das Absolute liegt jenseits des festgelegten Lebens. Jenseits des Relativen liegt das wahre Sein (Er), es ist das Nicht–Sein, weil es nicht mit unseren Konzepten übereinstimmt, aber es ist das wahre Sein. Weil wir das intellektuell nicht verstehen können, ist es für uns alle wie ein Nicht-Sein, obwohl es das wahre Sein des Seins ist. Zu sein ist besser als zu existieren und der Grund für das Sein des Seins ist das Sein selbst. Im Absoluten ist unsere rechtmäßige Existenz, die für den menschlichen Verstand ein Nicht-Sein ein Nicht-Existieren ist.

Das Absolute ist kein Gott, und es ist weder ein göttliches noch ein menschliches Individuum; es wäre absurd, dem, das keine Gestalt hat, eine Gestalt zu geben, es wäre unsinnig, den Weltraum zu vermenschlichen.

Das Absolute ist zweifellos bedingungsloser und ewiger abstrakter Weltraum, weit jenseits der Götter und Menschen. Das Absolute ist unerschaffenes Licht, das nirgendwohin Schatten wirft in der tiefen Nacht des Großen Pralaya. Das Absolute ist jenseits von Zeit, Zahl, Maß, Gewicht, Zufall, Gestalt, Feuer, Licht, Dunkelheit. Nichtsdestoweniger ist es das Feuer und das unerschaffene Licht.

Das Absolute hat drei Aspekte:

1. Ain, was dasselbe ist, wie Sat im Sanskrit, das unmanifestierte Absolute.

2. Ain Soph, der zweite Aspekt. Hier gibt es schon eine gewisse Manifestation. Hier bleiben alle Geschöpfe, wenn das Große Pralaya (die kosmische Nacht) kommt, weil sie keine Berechtigung haben, in das Ain, oder das unmanifestierte Absolute einzudringen, das jenseits der Gedanken, des Wortes, des Atoms, des Klanges, jenseits von allem, was Form, Zahl, Gewicht, usw. hat, liegt.

3. Ain Soph Aur ist in Übereinstimmung mit der hebräischen Kabbala der dritte Aspekt. Hier befindet sich der erste Kosmos, der rein spirituelle Protokosmos, das Solare Absolute, das von einer Vielzahl spiritueller Sonnen gebildet wird.

Übung:

Meditieren Sie über das Absolute und das Pralaya, indem Sie den Verstand still und ruhig halten.

Das Absolute (Gustav Doré)

Ain

Der abstrakte Raum ist das *Causa Causorum* von allem, was ist, war, und sein wird. Der tiefe und mit Freude erfüllte Raum ist zweifellos die unbegreifliche Gottheit, die unbeschreibliche mystische Wurzel der sieben Kosmen, der geheimnisvolle Ursprung all dessen, was wir als Geist, Materie, Universen, Sonnen, Welten, usw. kennen.

„Das", das Göttliche, der Weltraum der Glückseligkeit, ist eine unglaubliche Realität jenseits des Universums und der Götter. „Das" hat keine Dimension, und es ist tatsächlich das, was immer sein wird und immer war; es ist das Leben, das intensiv in jedem Atom und in jeder Sonne pulsiert. Sprechen wir nun über den großen Ozean des Geistes. Wie kann man ihn definieren?

Es ist Brahama, die erste Differenzierung oder Modifizierung von „dem", vor dem die Götter und Menschen zittern.

Ist dieses „das" der Geist? In Wahrheit sage ich euch, dass es das nicht ist.

Ist dieses „das" die Materie? Ich sage euch, dass es das nicht ist.

„Das" ist die Wurzel von Geist und Materie, aber es ist weder das eine noch das andere.

„Das" geht über die Gesetze von Zahl, Maß und Gewicht, Quantität, Qualität, davor, dahinter, oben, unten usw. hinaus.

„Das" ist das Unveränderliche in tiefer göttlicher Abstraktion, Licht, das nie erschaffen wurde, weder von einem Gott noch von einem Menschen, das, was keinen Namen hat.

Brahama ist Geist, aber „das" ist nicht Geist. Ain, das Unmanifestierte, ist unerschaffenes Licht. Das Absolute ist Leben, frei in seiner Bewegung, es ist höchste Realität; es ist abstrakter Raum, der sich nur als absolut abstrakte Bewegung, grenzenlose Glückseligkeit, vollkommenes Allwissen ausdrückt. Das Absolute ist unerschaffenes Licht und perfekte Fülle, absolute Glückseligkeit, Leben, frei in seiner Bewegung, bedingungslos, grenzenlos.

Im Absoluten sind wir jenseits des Karma und der Götter; jenseits des Gesetzes. Der Verstand und das individuelle Bewusstsein dienen nur dazu, im Leben Leid zu verursachen. Im Absoluten haben wir keinen Verstand oder individuelles Bewusstsein. Dort sind wir bedingungsloses Sein, frei und absolut glücklich. Das Absolute ist das Leben, frei in seiner Bewegung, ohne Bedingungen, ohne Grenzen, ohne die quälende Furcht vor dem Gesetz, ein Leben außerhalb von Geist und Materie, jenseits von Karma und Leiden.

Das Absolute ist absolut abstrakter Weltenraum, absolut abstrakte Bewegung, absolute Freiheit, ohne Bedingungen, ohne Einschränkungen, absolutes Allwissen und absolutes Glück.

Wir müssen der Tätigkeit des *Ichs* ein Ende machen, um in das Absolute einzutreten. Das menschliche *Ich* muss das Haus der Toten betreten, es muss in das Massengrab der astralen Überreste gehen. Es muss im Abgrund aufgelöst werden, damit das Sein voller Majestät und Macht geboren wird.

Nur ein unpersönliches Leben und das Sein können uns das rechtmäßige Glück des großen Lebens, das frei ist in seiner Bewegung, geben. Zu kämpfen und sich abzumühen, zu leiden, um sich schließlich zu befreien, um sich wie ein diamantener Tropfen im Ozean des unerschaffenen Lichtes zu verlieren, ist zweifelsohne die größte Sehnsucht. Bevor man das Absolute betritt, muss man sich im Reich von Atala vorbereiten; hier sind die Wesen farblos, hier lebt ein Mensch, der das Absolute nicht betreten durfte, weil er die Worte gut und böse erfunden hat, anstatt die Worte involutiv und evolutiv zu gebrauchen, und so Karma schuf.

Der Menschheit wurde geschadet durch diese zwei Worte. Es wird von allem behauptet, dass dies schlecht und dies gut sei, und dadurch stagniert alles, was uns dazu bringt, die Inneren Werte zu studieren. Deshalb wartet dieser heilige Mann.

Wir müssen den Menschen helfen, diese zwei Worte durch evolutiv und involutiv zu ersetzen. Im Schoß des Absoluten gibt es eine große Erhöhung. Die Paramarthasattyas werden nach und nach erhöht und sie gehen über jede mögliche Erkenntnis hinaus.

Ain Soph

Die gesamte Schöpfung entsteht aus Ain Soph, aber die Schöpfung gleicht Ain Soph weder in ihrem Wesen noch in ihrer Leistungsfähigkeit. Ain Soph, das durch sein göttliches, unerschaffenes Licht eine Weisheit und Macht ausstrahlt, und obwohl es ursprünglich teilhatte an der Vollkommenheit und Grenzenlosigkeit seines Schöpfers, hat doch einen endlichen Aspekt.

Die Kabbala nennt diese erste spirituelle Ausstrahlung von Ain Soph den unbeschreiblichen Alten der Tage, der das Sein unseres Seins ist, der Vater und die Mutter in uns.

Ain Soph, das sich nicht auf der begrenzten physischen Ebene äußern kann, drückt sich durch seine zehn Sephiroth aus.

In Ain Soph gibt es eine seltsame Evolution, die weder die Götter noch die Menschen kennen.

Jenseits des Innersten ist der Logos oder Christus. Jenseits des Alten der Tage ist Ain Soph oder das Absolute. Sein Ausatmen nennt man den kosmischen Tag (Mahamvantara), das Einatmen die kosmische Nacht (großes Pralaya).

Während der kosmischen Nacht löst sich das Universum in Ain Soph auf, und lebt nur in dessen Verstand oder dem seiner Götter. Das, was im Verstand von Ain Soph oder im Verstand seiner Götter existiert, ist objektiv im absoluten abstrakten Raum.

Bevor das lodernde Herz des Sonnensystems Ors, in dem wir leben, uns bewegen und unser Sein haben, nach dem Großen Pralaya intensiv zu schlagen begann, existierte die Zeit nicht, sondern schlief im tiefen Schoß des absoluten abstrakten Raums.

Wenn, am Ende des Mahamvantaras, die sieben grundlegenden Dimensionen des Universums zu einem einfachen mathematischen Punkt reduziert werden, der sich wie ein kleiner Tropfen im großen Ozean verliert, ist es klar, dass die Zeit aufhört zu existieren.

Welten werden wie Menschen, Tiere und Pflanzen geboren, sie wachsen, altern und sterben. Alles, was unter der Sonne lebt, hat eine begrenzte Zeit.

Die antike Weisheit erzählt, dass Brahama, der Vater, der Ozean des universellen Lebensgeistes, sich bei Beginn der großen Nacht (die Hindus nennen sie Pralaya oder die Auflösung des Universums) für 7 Ewigkeiten im abstrakten absoluten Raum versenkt. Die 7 Ewigkeiten bedeuten *Aeva*, oder Zeitabschnitte, die vollkommen begrenzt, klar und präzise sind.

Uns wurde gesagt, dass ein Mahakalpa, ein großes Zeitalter, ein kosmischer Tag insgesamt 311.040.000.000.000 Jahre hat. Und ein Mahapralaya, eine kosmische Nacht entspricht der gleichen Zeitdauer. Wenn die tiefe Nacht der Schöpfer dieses Sonnensystems kommt, werden sie aufgelöst im Schoß des Absoluten. Eine Gruppe von Monden wird zurückbleiben.

Die Planeten, die Sonne, die Erde und das Leben werden verschwunden sein, zusammen mit allen jungfräulichen Funken. Jedem von uns entspricht ein jungfräulicher Funke, jedem lebenden Wesen entspricht ein jungfräulicher Funke und diese werden im Absoluten für 7 Ewigkeiten absorbiert.

Wenn wir Selene (unseren Mond) betrachten, werden wir feststellen, dass er ein Kadaver ist. Er hatte reiches Leben, Seen und Vulkane. Es gibt andere Monde, die den Mars, Saturn, usw. umrunden, die einst Leben hatten. Im letzten Mahamvantara, das ein Padma oder goldener Lotus war, gab es auf dem Mond eine Menschheit, sieben Rassen und dann starb er.

Vor der Dämmerung des Mahamvantara schlief das Universum in schrecklicher Dunkelheit. Bei beginnender Dämmerung jedes Universums wird das ewige schwarze Licht oder die absolute Dunkelheit zum Chaos. Die Finsternis selbst ist Vater-Mutter; das Licht ihr Sohn, so sagt die alte Weisheit. Das nicht erschaffene Licht hat einen unbekannten Ursprung, der uns vollkommen unbekannt ist.

Wir übertreiben keineswegs, wenn wir der Meinung, dass dieser Ursprung die Dunkelheit ist, Nachdruck verleihen. Wir möchten nun vom geliehenen, kosmischen, zweiten Licht sprechen; was auch immer sein Ursprung ist und wie schön es sein mag, es hat im Grunde eine vergängliche Beschaffenheit, Maya ähnlich. Die unbeschreibliche tiefe Finsternis bildet die ewige Gebärmutter, in der die Quellen des Lichts erscheinen und verschwinden. Man sagt, dass das Absolute Finsternis ist, und dass aus der Finsternis das Licht kommt. Das unerschaffene Licht des Absoluten kommt aus der tiefsten Dunkelheit der großen Nacht; aus dieser Dunkelheit, die kein Licht hat, entspringt das unerschaffene Licht. Wenn wir uns dorthin begeben würden, würden wir nichts außer einem Abgrund und tiefer Finsternis sehen.

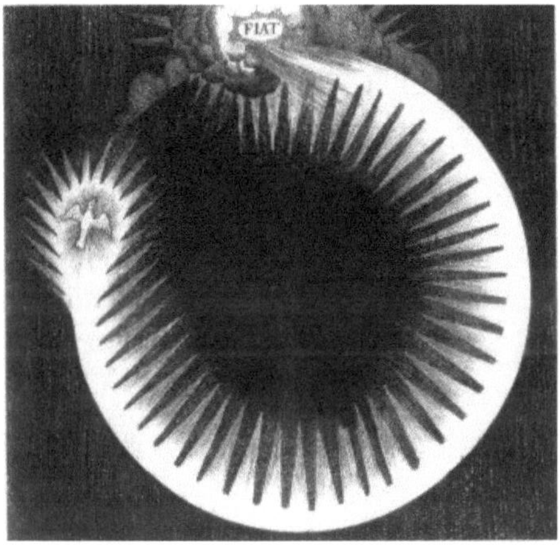

Das „Fiat Lux“ von Robert Fludd zeigt, wie aus der tiefen Finsternis das Licht des Heiligen Geistes erschaffen wird.

Für die Bewohner des Absoluten (die Paramarthasattyas) aber ist diese Dunkelheit das unerschaffene Licht, weder von Menschen noch von Gott erschaffen, wo immerwährende Glückseligkeit, unvorstellbare Freude herrscht.

Es gibt fürchterliche Genien des Bösen wie Belial, Bael, Moloch, usw., schreckliche Meister; wissend, dass das Licht aus der Dunkelheit kommt, stürzten sie sich in den Abgrund, obwohl sie wussten, dass sie in die Involution gehen würden.

Aus dem Abgrund kommt das Licht, deshalb müssen wir in die Finsternis hinabsteigen, um das *Ich*, Satan zu zerstören, um so der Dunkelheit das Licht zu entreißen.

Mithilfe des Feuers steigen die Götter aus dem Abgrund auf und lösen sich im Absoluten auf.

Licht und Dunkelheit sind Phänomene des unbekannten, tiefgründigen, unmöglich zu begreifenden *Noumenon*.

Ob wir das Licht, das aus der Dunkelheit strahlt, mehr oder weniger wahrnehmen können, hängt von der Kraft unseres spirituellen Sehvermögens ab. Das Absolute ist für das menschliche Auge tiefste Dunkelheit und unerschaffenes und schreckliches Licht für die unbeschreibliche Hierarchie der Paramarthasattyas.

Was für uns Licht ist, ist für bestimmte Insekten Dunkelheit; und das spirituelle Auge sieht die Erleuchtung, wo das normale Auge nur Finsternis wahrnimmt.

Das Universum, nach dem Mahamvantara im Pralaya versunken, aufgelöst in sein ursprüngliches Element, ruht zwangsläufig in der tiefen Dunkelheit des unendlichen Raumes. Es ist wichtig, das tiefgründige Mysterium der chaotischen Finsternis gründlich zu verstehen.

Der Kosmos entsprang dem Chaos und aus der Dunkelheit entspringt das Licht; lasst uns beten …

In all den heiligen Büchern der Welt steht in Worten aus Feuer geschrieben, dass das Chaos das Saatfeld des Kosmos ist. Das Nichts, das Chaos, ist eindeutig, ohne den geringsten Zweifel das Alpha und das Omega, der Anfang und das Ende aller Welten, die leben und pulsieren im unveränderlichen Unendlichen.

In der brahmanischen Aitareya, der meisterhaften und kostbaren Lehre der Rig Veda, wird die sehr große Ähnlichkeit zwischen den erleuchteten Ideen der Brahmanen und denen der Pythagoräer eindeutig bewiesen, weil sich die einen wie die anderen auf die Mathematik beziehen.

In dem erwähnten hinduistischen Werk wird häufig vom schwarzen Feuer, von der dunklen abstrakten Weisheit, vom absoluten Licht, das bedingungslos und namenlos ist, gesprochen. Diese abstrakte Gottheit, das primitive Zero-Aster der Parser, das mit Leben durchtränkte Nichts, Das … Das … Das …

Gott Selbst, d. h., das Heer der Stimme, das große Wort, ist tot, wenn das große Pralaya, die kosmische Nacht kommt; und wird wiedergeboren, überaus göttlich in der Morgendämmerung des göttlichen Mahamvantara. Die absolute radikale Null der transzendenten Arithmetik, der abstrakte Raum in der Geometrie, die unbegreifliche Seinheit (nicht zu verwechseln mit Gottheit), wird weder geboren, noch stirbt sie, noch wird sie wiedergeboren.

Aus all diesem Unbegreiflichen oder der radikalen Null entsteht zu Beginn jedes siderischen Universums die pythagoreische Monade, der gnostische Vater-Mutter, der hinduistische Purusha-Prakriti, der ägyptische Osiris-Isis, der kabbalistische duale Protokosmos oder Adam-Kadmon, der Theos-Chaos der Theogonie von Hesiod, der chaldäische Ur-Anas (Feuer und Wasser), der semitische Iod-Heve, der Zeru-Ama der Parser, der Ein-Einzige, der buddhistische Aunadad-Ad, der Ruach Elohim oder göttliche Geist des Herrn, der über den Wassern der Genesis des ersten Augenblicks schwebte.

In der tiefen Nacht erfüllte nur die Dunkelheit das grenzenlose Alles; da waren Vater, Mutter und Sohn erneut eins, und der Sohn war noch nicht erwacht für das Rad und die Wanderungen, die es enthält. Es steht im Buch des großen Lebens in unverwechselbaren Buchstaben aus Feuer geschrieben, dass am Ende des Mahamvantaras Osiris (der Vater) und Isis (die Mutter) und Horus (der göttliche Geist) eins werden, verschmelzen und sich vereinen wie drei Feuer, um eine einzige Flamme zu bilden.

Wir müssen Osiris, Isis und Horus in uns selbst suchen, in den unbekannten Tiefen unseres eigenen Seins. Es ist offensichtlich, dass Osiris, Isis und Horus die Monade, die Dyade und die Triade unseres Inneren Seins bilden. Habt Ihr schon von Brahma gehört? Er ist Vater-Mutter-Sohn. In jeder neuen kosmischen Morgendämmerung erwacht das Universum zu neuem Leben, so wie es der Phönix tut, aus seiner eigenen Asche.

In der Dämmerung eines jeden Mahamvantara entfaltet sich die Monade erneut zur Duade und zur Triade.

Bei Anbruch eines neuen kosmischen Tages, der der tiefen Nacht folgt, entfaltet der Sohn, die Triade, Horus (die göttliche Seele eines jeden), aus sich selbst seine Essenz, seine mystischen Prinzipien, das Rad des Samsara mit der klaren Absicht, die Diamantseele zu erlangen. Wie groß ist die Freude des Horus, wenn er seine Diamantseele erworben hat! Er verschmilzt mit seiner göttlichen Mutter, und sie vereint sich mit dem Vater, um eine einzige diamantene Flamme zu bilden, einen Gott von strahlender innerer Schönheit.

Der Raum ist erfüllt von Universen, während einige der Sonnensysteme gerade aus der tiefsten Nacht kommen, erleben andere ihren Sonnenuntergang; hier Wiegen, dort Gräber.

Wenn die Morgendämmerung des Mahamvantara beginnt, entwickelt sich Heterogenität aus der Homogenität, das Heer der Stimme (Gott) ist wiedergeboren, um erneut zu erschaffen. Als die Morgenröte des kosmischen Tages verkündet wurde, erbebte das Universum vor Furcht. Im Bewusstsein der Götter und Menschen begann eine sonderbare und erschreckende Dämmerung, und das unerschaffene Licht begann, sich von ihrem Bewusstsein zu entfernen.

Die Götter und Menschen weinten wie Kinder angesichts der Morgenröte des großen kosmischen Tages.

Der kausale Logos des ersten Augenblicks erinnerte die Götter und Menschen an ihre karmischen Schulden, und die Wanderschaft des Menschen von Welt zu Welt begann, bis zur Erde, wo er nun lebt, dem Rad von Geburt und Tod unterworfen, bis er lernt, unter dem Gesetz der Liebe zu leben. Das Universum entstand aus den Eingeweiden des Absoluten, und das unerschaffene Licht versank in einem sehnsuchtsvollen Sonnenuntergang. So stiegen Götter und Menschen in die Schatten des Universums hinab.

Das Opfer war vollendet und die Kabbala berichtet darüber in ihrem großen Arkanum Nummer 12.

Wenn wir die 12 addieren (1 + 2), erhalten wir die 3. Eins ist das männliche Prinzip, das Feuer. Zwei das weibliche Prinzip, Wasser, Samen. Drei das Universum, der Sohn.

Der gegenwärtige kosmische Tag wird durch einen blauen Pelikan symbolisiert, der sich die Brust mit seinem Schnabel öffnet, um von seinem eigenen Inneren, aus dem alles floss, was geschaffen wurde, zu trinken.

Ain Soph Aur

Jedes Universum des unendlichen Raumes besitzt seine eigene Zentralsonne, und die Summe all dieser spirituellen Sonnen bildet das Ain Soph Aur, den Protokosmos, das solare Absolute.

Das solare Absolute besteht aus vielen transzendenten, göttlichen spirituellen Sonnen. Die Ausstrahlung unseres allbarmherzigen und heiligen solaren Absoluten nennt H. P. Blavatsky den großen Atem, sich selbst gänzlich unbekannt.

Es wurde viel erzählt über die heilige absolute Sonne, und offensichtlich wird jedes Sonnensystem von einer dieser spirituellen Sonnen regiert.

Es sind wirklich außergewöhnliche spirituelle Sonnen, die mit unendlicher Herrlichkeit im Weltraum strahlen. Sie sind strahlende Kugeln, die niemals von den Astronomen und ihren Teleskopen entdeckt werden können.

Das bedeutet, dass unser Weltensystem seine eigene heilige absolute Sonne hat, so wie alle anderen Sonnensysteme im unveränderlichen Raum. Der Protokosmos oder erste Kosmos ist unendlich göttlich, unbeschreiblich.

In ihm gibt es kein mechanisches Prinzip, er wird nur von dem Einen Gesetz beherrscht. Wenn wir eingehend über das solare Absolute nachdenken, werden wir erkennen, dass es jenseits davon die vollkommenste Freiheit und die absolute Glückseligkeit gibt, weil alles durch das Eine Gesetz regiert wird.

Zweifellos gibt es im heiligen solaren Absoluten, in der zentralen, spirituellen Sonne dieses Systems, in dem wir leben, uns bewegen und unser Sein haben, keinerlei Mechanik, und deshalb ist es einleuchtend, dass dort die vollkommenste Seligkeit herrscht.

Offensichtlich gibt es in der spirituellen Sonne, die von dem Einen Gesetz regiert wird, die unveränderliche Glückseligkeit des ewigen lebenden Gottes.

Unglücklicherweise kommen wir, weil wir uns mehr und mehr von der heiligen absoluten Sonne entfernen, in zunehmend schwierigere

Welten, wo Automatismus, Mechanisierung und Qual die Dinge beherrschen. Offenbar ist das Glück im zweiten Kosmos der drei Gesetze, dem Hagiokosmos (Planeten, Sonnen, Firmament) unvergleichlich, weil der Materialismus hier geringer ist.

Jedes Atom in diesem Bereich hat in seinem inneren Wesen nur drei Atome des Absoluten. Wie verschieden davon ist der dritte Kosmos, der Makrokosmos (unsere Galaxie, die Milchstraße), beherrscht durch sechs Gesetze.

Hier nimmt der Materialismus zu, weil jedes Atom innerlich sechs Atome des Absoluten besitzt. Wir kommen zum vierten Kosmos, dem Deuterokosmos (unser Sonnensystem), der von zwölf Gesetzen regiert wird. Hier ist die Materie viel dichter, weil jedes seiner Atome zwölf Atome des Absoluten enthält.

Wenn wir den fünften Kosmos, den Mesokosmos (der Planet Erde), der von 24 Gesetzen regiert wird, eingehend untersuchen, werden wir feststellen, dass jedes seiner Atome in seinem innersten Wesen 24 Atome des Absoluten trägt.

Studieren wir nun genau den sechsten Kosmos (den Menschen), der von 48 Gesetzen beherrscht wird.

Wir sehen mit göttlicher Hellsichtigkeit, dass es in jedem Atom des menschlichen Organismus 48 Atome des Absoluten gibt.

Wir möchten noch etwas tiefer gehen und das Reich des gröberen Materialismus, den siebten Kosmos, den Tritokosmos, die höllischen Welten unter der Kruste des Planeten, auf dem wir leben, betreten, der von 96 Gesetzen beherrscht wird.

Wir werden entdecken, dass im ersten infradimensionalen Bereich die Dichte entsetzlich zugenommen hat, weil in seinem inneren Wesen 96 Atome des Absoluten sind.

In der zweiten höllischen Zone hat jedes Atom 192 Atome des Absoluten. In der dritten Zone hat jedes Atom 384 Atome des Absoluten in seinem Inneren, usw., dadurch nimmt der Materialismus auf eine beängstigende und erschreckende Weise zu.

Indem wir in zunehmend kompliziertere Gesetze eintauchen, machen wir uns ganz offensichtlich mehr und mehr unabhängig vom Willen des Absoluten und versinken in die mechanische Kompliziertheit dieser großen Natur.

Wenn wir die Freiheit wieder erobern wollen, müssen wir uns von so vieler Mechanik und so vielen Gesetzen befreien und zum Vater zurückkehren. Offensichtlich müssen wir unermüdlich kämpfen, um uns von den 48, 24, 12, 6 und 3 Gesetzen zu befreien und zur heiligen absoluten Sonne unseres Systems zurückzukehren.

Ain Soph Paranishpana

Im Menschen existiert ein göttlicher Strahl. Dieser Strahl sehnt sich danach, zu seinem Stern zurückzukehren, der immer auf ihn hinabgelächelt hat. Der Stern, der unser Inneres lenkt, ist ein übergöttliches Atom des absoluten abstrakten Raumes. Der kabbalistische Name dieses Atoms ist das Heilige Ain Soph.

Ain Soph ist unser atomarer Stern. Dieser Stern strahlt voller Herrlichkeit im absoluten abstrakten Raum. Daher entstehen aus diesem Stern Kether (der Vater), Chocmah (der Sohn) und Binah (der Heilige Geist) eines jeden Menschen.

Ain Soph, der Stern, der unser Inneres leitet, schickte seinen Strahl auf die Welt, um sich seiner eigenen Glückseligkeit bewusst zu werden. Glück ohne Bewusstsein seines Glücks ist kein Glück.

Der Strahl (der Geist) hatte mineralisches, pflanzliches und tierisches Bewusstsein. Als dieser Strahl zum ersten Mal in einen wilden und primitiven menschlichen Körper inkarnierte, erwachte dieser zum bewussten Menschen und gelangte zur Selbsterkenntnis seines eigenen Glücks.

Der Strahl hätte dann zu dem Stern, der sein Inneres leitet, zurückkehren können.

Unglücklicherweise gebar die ungezügelte Begierde das *Ich* im tiefsten Schoß des Strudels des Urwaldes. Die instinktiven Kräfte der Natur nahmen den unschuldigen Verstand des Menschen gefangen und das Trugbild der Begierde entstand. Dann reinkarnierte das *Ich* immer wieder, um seine Begierden zu befriedigen. Deshalb sind wir den Gesetzen von Karma und Evolution unterworfen.

Erfahrungen und Schmerz komplizierten das *Ich*; die Evolution ist ein Prozess der Verflechtung von Energien.

Das *Ich* wurde durch Erfahrung gestärkt und verkompliziert. Nun ist es zu spät. Millionen von Menschen sind zu monströsen Dämonen geworden.

Nur eine gewaltige Revolution kann uns vor dem Abgrund retten. Wenn der Mensch das *Ich* auflöst, dann findet eine totale Revolution statt. Der Mensch kann aufhören zu leiden, wenn er es schafft, die *Ichs* aufzulösen. Der Schmerz ist das Resultat unserer schlechten Taten.

Der Schmerz kommt von Satan (das psychologische *Ich*), weil er für unsere schlechten Handlungen verantwortlich ist. Der abstrakte absolute Raum, der universelle Geist des Lebens ist vollkommenes Glück, höchster Frieden und Fülle.

Diejenigen, die den Schmerz zu etwas Mystischem machen, sind Masochisten. Satan war und ist der Schöpfer des Schmerzes. Der Schmerz ist teuflisch. Niemand kann durch den Schmerz befreit werden.

Wir müssen Alchemisten sein. Durch die Alchemie wird das *Ich* aufgelöst. Die Wurzel des *Ichs* ist die Begierde; die Begierde wird durch die Alchemie umgewandelt. Wenn Sie die Begierde zerstören wollen, müssen Sie sie transmutieren. Sexuelles Begehren wird in Willen umgewandelt und Willen ist Feuer.

Der Wunsch nach Anhäufung (die Habgier) wird in Nächstenliebe verwandelt. Zorn (frustriertes Begehren) wird in Sanftmut verwandelt. Neid (enttäuschtes Begehren) wird in Freude am Glück der Anderen verwandelt.

Die Worte der Begierde werden in Worte der Weisheit verwandelt, usw. Untersuchen Sie all die menschlichen Defekte und Sie werden sehen, dass sie alle ihren Ursprung in der Begierde haben.

Transmutieren Sie die Begierde mit der Alchemie, und die Begierde wird vernichtet werden. Jeder, der die Begierde vernichtet, löst das *Ich* auf. Jeder, der das *Ich* auflöst, ist aus dem Abgrund gerettet und kehrt zurück zu seinem inneren Stern, der ihn immer angelächelt hat. Nur mithilfe der heiligen Alchemie können wir das *Ich* auflösen. Das Fundament der Alchemie ist das Arkanum A.Z.F.

Engel, Erzengel, Seraphim, Mächte, Throne, usw., sind das eindeutige Resultat gewaltiger innerer Revolutionen. Wir haben die Involution (den Abstieg des Geistes in die Materie) bereits durchlaufen. Wir haben bereits entsetzlich an der Evolution (dem Prozess der Verstrickung der Energie) gelitten. Eine vollkommene Revolution (die Auflösung des *Ichs*) ist nun dringend nötig. Niemand kann glücklich sein, bevor er seinen inneren Stern erreicht hat.

Nur die innere Revolution ermöglicht es uns, Stück für Stück zu unserem übergöttlichen Atom zurückzukehren. Wir müssen die Zustände eines Engels, Erzengels, Seraphim, Logos, usw. durchlaufen, bis der Strahl schließlich mit seinem Stern verschmilzt, dem Ain Soph, das vor Glückseligkeit strahlt.

Der Abgrund ist fürchterlich schmerzhaft.

Die schreckliche Antithese von Ain Soph ist der Abgrund, die Kliphen der Kabbala. Die Kliphen sind atomar, die Finsteren des lunaren Weges.

Wir wollen das ursprüngliche göttliche Atom, aus dem die Zehn Sephiroth der Kabbala hervorgehen, untersuchen. Wenn wir uns selbst beobachten, finden wir:

1. Den physischen Körper.
2. Den ätherischen Körper oder Vitalkörper.
3. Den Astralkörper oder Körper der Begierde.
4. Den tierischen Mentalkörper.
5. Die Essenz (gefangen im *Ich.* Jenseits davon ist die göttliche Triade, die das menschliche Wesen nicht inkarniert hat).
6. Der Kausalkörper, die menschliche Seele, Manas.
7. Der buddhische Körper, die göttliche Seele.
8. Der atmische Körper, der Innerste.

Der Fünfte und Sechste gehören zusammen, weil der Fünfte ein Teil des Sechsten ist. Wir haben einen Teil der menschlichen Seele inkarniert, die Essenz oder Buddhata. Atman selbst ist das unbeschreibliche Sein, Er, der jenseits der Zeit ist, jenseits der endlosen Ewigkeit, Er, der nie stirbt oder reinkarniert (was zurückkehrt, ist das *Ego*), er ist absolut vollkommen. Atman entfaltet sich in die spirituelle Seele, diese entfaltet sich in die menschliche Seele, die man als höheres Manas bezeichnet.

Die menschliche Seele entfaltet sich in die Essenz, Buddhata. Das sind alles Grundsätze und die Essenz, die in ihre vier Vehikel inkarniert, bekleidet sich mit ihnen, sie ist gefangen im psychologischen *Ich,* im *Ego*. Der Mental-, Astral-, ätherische und physische Körper beinhalten die Persönlichkeit.

Wenn die Essenz in diese Vehikel eintritt, wird sie gefangen im *Ego*. Was zurückkehrt, ist ein Bruchstück der menschlichen Seele.

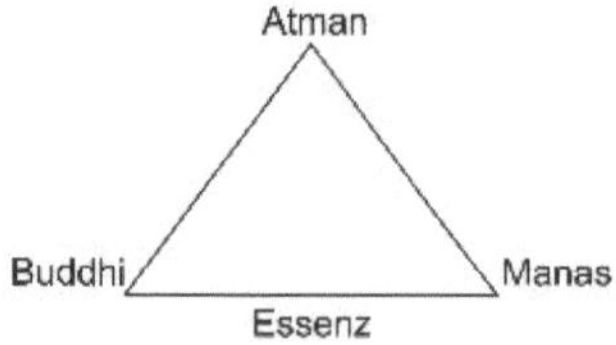

Jenseits der theosophischen Triade gibt es einen Strahl, der uns mit dem Absoluten vereint. Dieser Strahl, der in jedem Menschen ist, ist der strahlende Drachen der Weisheit, der Innere Christus, die sephirotische Krone. Die Kabbala erklärt das folgendermaßen:

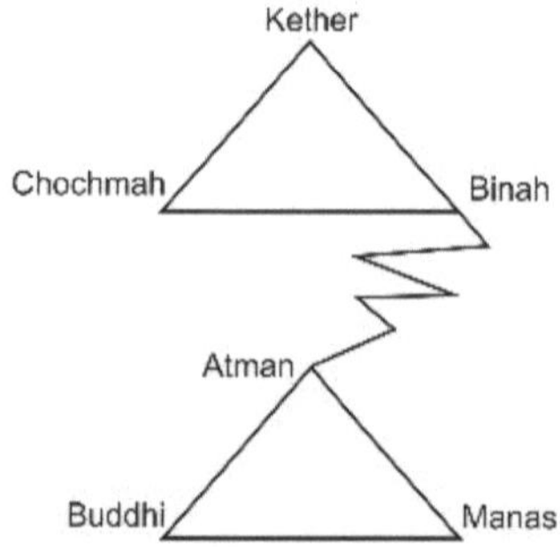

Kether: der Alte der Tage

Chochmah: der Sohn, der kosmische Christus

Binah: der Heilige Geist

Die sephirotische Krone ist die erste Triade, die aus Ain Soph hervorgeht. In letztendlicher Synthese ist jeder von uns nicht mehr als ein Atom des absoluten abstrakten Raumes, des Ain Soph, das im Geheimen mit der Zirbeldrüse verbunden ist, dem Sahasrara Chakra oder der Kirche von Laodizea.

Wir müssen genau unterscheiden zwischen Ain Soph und Ain Soph Paranishpana; im ersten Fall gibt es keine innere Selbstverwirklichung, wohl aber im zweiten.

Jeder Mahatma weiß sehr genau, dass er die solaren Körper auflösen muss, bevor er ins Absolute eintritt; am Tag der Befreiung lassen wir alles hinter uns, wir geben alle Vehikel auf.

Warum erschaffen wir dann die solaren Körper?

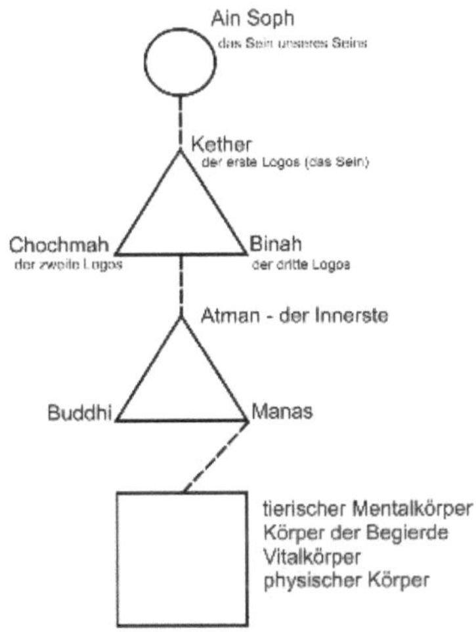

Warum steigen wir in die neunte Sphäre hinunter? Wenn wir die solaren Körper aufgeben müssen, weshalb erzeugen wir dann etwas, was nicht benötigt wird? Nach der Auflösung eines jeden dieser christischen Vehikel bleibt ein Samenatom zurück.

Offensichtlich bleiben vier Samenatome in den Vehikeln. Ohne Zweifel entsprechen diese Atome den physischen, astralen, mentalen und kausalen Körpern.

Es ist offensichtlich, dass diese vier Samenatome im übergöttlichen Atom, Ain Soph Paranishpanna, zusammen mit der Essenz, den spirituellen Prinzipien, den Gesetzen und den drei Urkräften absorbiert werden.

Physischer Körper	
Solarer Astralkörper	
Solarer Mentalkörper	
Solarer Kausalkörper	Samenatome und
Göttliche Seele	spirituelle Prinzipien im
Atman	Ain Soph Paranishpana
Heiliger Geist	
Der Sohn	
Der Vater	

Dann folgt die tiefe Nacht das Mahapralaya. Ohne die innere Selbstverwirklichung besitzt Ain Soph nicht die vier Samenatome, es ist ein einfaches Atom des absoluten abstrakten Raumes, nur mit den drei grundlegenden Kräften des Vaters, des Sohnes und des Heiligen Geistes. Das Atom eines Meisters, der sich befreit hat, unterscheidet sich sehr von einem Ain Soph Atom ohne Selbstverwirklichung.

In der Morgendämmerung des Mahamvantara entfaltet ein Selbstverwirklichter seine Körper, indem seine Samen mit ihrer Arbeit beginnen. Wenn er die solaren Körper besitzt, kann er sie zu jeder Zeit wiederherstellen, wenn er es wünscht. Da er diese Körper hergestellt hat, bekommt er ein unabhängiges Bewusstsein.

Das Ain Soph, das die Samenatome besitzt, kann zu jedem gewünschten Zeitpunkt reinkarnieren, bekleidet mit seinen solaren Körpern. Wenn es sich manifestieren will, entfaltet es diese solaren Samenatome und erscheint an jedem beliebigen Ort des Raumes. Es gibt eine Formel, die all das ausdrückt und sie lautet:

C.O.N.H.

Es sind vier Kräfte, die vier Körper eines Eingeweihten. Dies sind die vier Körper mit denen sich die Seinheit bekleidet, wenn sie sich manifestieren will.

1. C: Kohlenstoff: In der Alchemie symbolisiert der Buchstabe C den Körper des bewussten Willens, den Kohlenstoff der okkulten Chemie.

2. O: Sauerstoff: In der Alchemie steht der Buchstabe O für den wahren solaren Mentalkörper, der in der Schmiede der Zyklopen hergestellt wurde. Der Sauerstoff der heiligen Chemie.

3. N: Stickstoff: In der Alchemie symbolisiert der Buchstabe N den authentischen solaren Astralkörper, gänzlich verschieden vom Wunschkörper. Es ist offensichtlich, dass er der rechtmäßige siderische Körper, der Stickstoff der okkulten Chemie ist.

4. H: Wasserstoff: Der Buchstabe H stellt den physischen Körper dar, den dreidimensionalen Leib aus Fleisch und Blut.

Die vier Körper sind in Ain Soph Paranishpanna, von dort entfalten sich die Körper; mit ihnen ist die Seinheit bekleidet und sie fabriziert sie sofort, das heißt in dem Augenblick, in dem sie in der Welt zum Wohl für die Menschheit tätig werden will. Sie erscheint als ein selbstverwirklichter Meister, selbstbewusst, Herr über Leben und Tod.

Die drei grundlegenden Kräfte:

Die heilige Bejahung: der Vater

Die heilige Verneinung: der Sohn

Die heilige Versöhnung: der Heilige Geist

Sie manifestieren sich mithilfe der Atome C.O.N. (Kohlenstoff, Sauerstoff, Stickstoff). Das H (Wasserstoff) ist eine von den anderen Dreien unabhängige Kraft, deshalb ist es der physische Körper, durch den es als Werkzeug für den Willens-, Mental- und Astralkörper dient.

Wir übertreiben nicht, wenn wir die alchemistische transzendentale Vorstellung betonen, dass ein Ain Soph Paranishpanna in sich die vier Atome C.O.N.H. trägt.

Ain Soph Paranishpanna stellt mit diesen vier alchemistischen Atomen den Wagen von Merkabah (die solaren Körper) wieder her, um in jedes Universum zu gelangen, wenn es erforderlich ist.

Wir dürfen nicht vergessen, dass Merkabah der Wagen der Jahrhunderte ist, der himmlische Mensch der Kabbala.

Somit müssen wir als logische Konsequenz betonen, dass diejenigen, die die Arbeit in der neunten Sphäre (die Sexualität) nicht durchgeführt haben, in Wahrheit auch nicht den Wagen des Merkabah besitzen.

Es steht außer Frage, dass sich alles im Bereich der Tätigkeit von Prakriti, gemäß den Wandlungen von Traigunamayashakti verändert, und dass sich alle menschlichen Wesen ebenso auf eine positive oder negative Weise verändern.

Wenn wir den Wagen von Merkabah jedoch nicht herstellen, wird Ain Soph ohne innere Selbstverwirklichung bleiben.

Diejenigen, die die Abhayan Samskara, die angeborene Furcht, nicht vernichtet haben, werden vor der neunten Sphäre fliehen und anderen erzählen, dass die Arbeit in der Schmiede der Zyklopen (die Sexualität) nutzlos ist.

Sie sind überkritische Pharisäer, die Mücken aussieben und Kamele verschlucken; die Versager, die weder das Königreich betreten, noch anderen erlauben, es zu tun.

Die Sexualität ist wahrlich der Stolperstein und der Stein des Anstoßes.

Der Lebensbaum

Wenn wir den Baum des Lebens so betrachten, wie er von den hebräischen Kabbalisten beschrieben wird, dann sehen wir zehn Sephiroth. Es beginnt mit dem Alten der Tage, Kether, der die höchste Stelle im Baum einnimmt; dann folgt Chokmah, die zweite Sephira oder der zweite Logos, der der kosmische Christus oder Vishnu ist; dann kommt Binah, der Dritte Logos, Herr Shiva. Die Rabbis lehrten, dass Kether, Chokmah und Binah Vater, Sohn und Heiliger Geist sind, so wie es im Lebensbaum der hebräischen Mysterien dargestellt wird.

Kether, Chokmah und Binah sind die Trimurti der Vollkommenheit, sie sind das göttliche Dreieck, der geliebte Vater, der höchst verehrte Sohn und der überaus weise Heilige Geist.

Nach dem göttlichen Dreieck gibt es einen Abgrund und nach diesem Abgrund folgt ein zweites Dreieck, das sich aufbaut mit Chesed, der vierten Sephira, die dem Innersten entspricht, oder im Sanskrit Atman, dem Unbeschreiblichen. Es setzt sich fort mit Geburah, der Strenge des Gesetzes, der fünften Sephira, Buddhi, der weiblichen göttlichen Seele. Dem folgt Tiphereth, die sechste Sephira, die menschliche Seele, die männlich ist.

Als weitere Entfaltung gibt es ein drittes Dreieck, und es ist dargestellt durch Netzach, dem Verstand, der siebten Sephira. Es folgt Hod, die achte Sephira, der Astralkörper; weiten unten steht Yesod, die neunte Sephira, das Fundament der Sexualität, die Lebensgrundlage des menschlichen Organismus, der Vitalkörper oder das ätherische Vehikel, der Lingam Sarira der Theosophie.

Zuletzt stoßen wir auf den untersten Teil des Lebensbaumes, Malkuth, die zehnte Sephira, die Welt oder der physische Körper, der Körper aus Fleisch und Blut. Das erste Dreieck ist Logoisch; Kether, Chokmah und Binah. Das zweite Dreieck ist Ethisch; Chesed, Geburah und Tiphereth. Das dritte Dreieck ist Magisch; Netzach, Hod, Yesod. Malkuth, die physische Welt ist eine gefallene Sephira.

Das erste Dreieck, das Logoische, hat offensichtlich, wie jeder sehen kann, ein Zentrum der Schwerkraft, den göttlichen Vater, den Alten der Tage, Kether. Das ist der mathematische Punkt im unermesslichen,

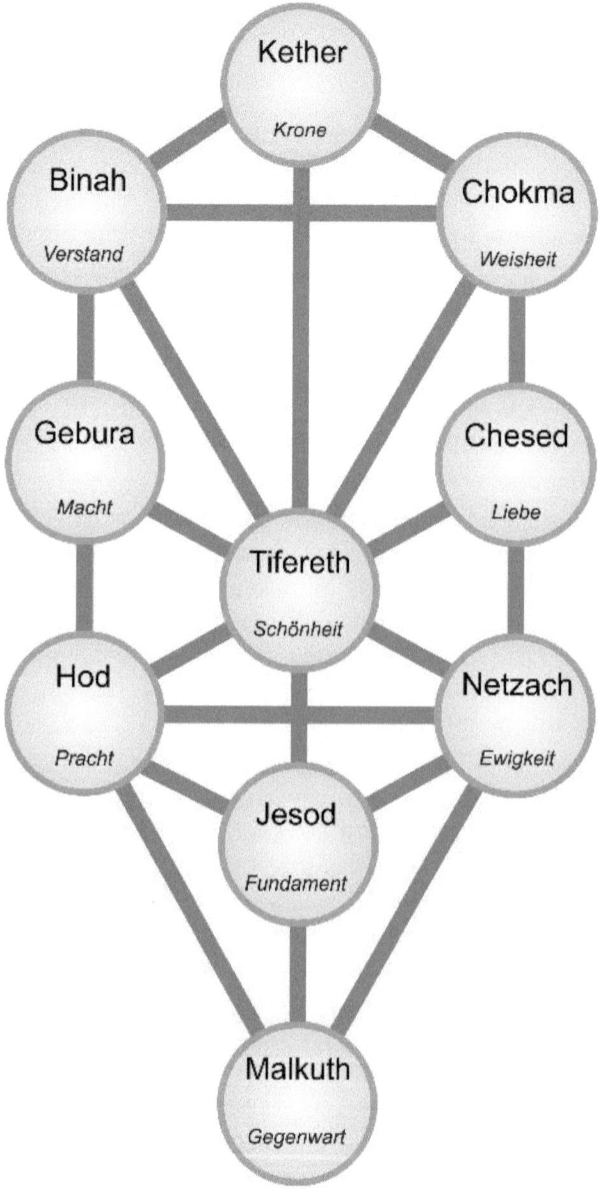

Der Baum des Lebens

unendlichen, unveränderlichen Raum. Dieses Dreieck ist das Dreieck des Vaters. Wenn wir das zweite Dreieck analysieren, stellen wir fest, dass es Ethisch ist. Warum nennen wir es Ethisch?

Einfach weil dort Ethik und richtiges Verhalten vorherrschen. Dort kennen wir die Härte des Gesetzes, dort erfahren wir Gut und Böse und was Gut und Böse bedeutet.

Dieses Dreieck ist die Welt des reinen Geistes, die hinduistische Dreiheit von Atman, Buddhi und Manas. Der Schwerpunkt dieses Dreiecks ist klar zu erkennen, es ist die menschliche Seele. Diese Seele leidet und ist der menschlichste Teil von uns, das heißt Tipheret, der mit dem Kausalkörper übereinstimmt.

Dieses Dreieck wird auch als das Dreieck des Sohnes bezeichnet. Hier erkennen wir, dass sich der kosmische Christus, Chokmah, durch die menschliche Seele, den Tipheret der hebräischen Kabbala, manifestiert.

Das dritte Dreieck ist sehr interessant. Das Magische Dreieck wird gebildet durch den Verstand, Netzach, den Astralkörper oder Hod und den ätherischen Körper, Jesod, das grundlegende sexuelle Prinzip des universellen Lebens. Warum wird es als Magisches Dreieck bezeichnet?

Weil man die hohe Magie ohne Zweifel im Reich des Verstandes, im Astralreich und sogar im Reich der Kliphen und in den höllischen Welten praktiziert.

Es besteht kein Zweifel daran, dass wir in Netzach die hermetische Magie und in Hod die natürliche Magie finden. Andere Autoren sind anderer Meinung. Sie glauben, dass die natürliche Magie in Netzach, der Mentalwelt liegt. In diesem Punkt muss ich ihnen widersprechen, weil der Verstand merkurisch ist.

Es gibt Autoren, die meine Meinungen nicht teilen, sie betrachten ihn als der Venus angehörend. Es tut mir leid, dass ich dieser Meinung nicht zustimmen kann, aber jeder kann erkennen, dass der Verstand dem Merkur angehört.

Also muss die hermetische Magie mit dem Merkur, dem Verstand, in Verbindung gebracht werden, und was die natürliche Magie, die zeremonielle oder rituelle Magie, usw. anbetrifft, so können wir sie in der Astralwelt, dem Astralkörper finden. Wo finden wir den Schwerpunkt des magischen Dreiecks? Offensichtlich liegt er in der Sexualität, denn von da kommen Geburt, Tod und Auferstehung. Alles dreht sich um die Sexualität, deshalb hat das dritte Dreieck seinen Schwerpunkt in der Sexualität oder in Jesod, der Energie des dritten Logos, die die sexuelle Kraft ist.

Auf diese Weise haben wir erkannt, dass es im gesamten Baum des Lebens drei grundlegende Schwerkraftzentren gibt. Im ersten Dreieck ist es Kether, der Alte der Tage, das Schwerkraftzentrum des ersten Logos.

Im zweiten Dreieck hat Chokmah, der kosmische Christus, der zweite Logos seinen Schwerpunkt in der menschlichen Seele, Tipheret. Im dritten Dreieck wird Jesod zum Schwerpunkt des Heiligen Geistes, des dritten Logos. Die sexuelle Kraft ermöglicht es, dass das Leben, der menschliche Körper und alle lebendigen Organismen entstehen.

Malkuth ist bereits die physische Welt, sie kann nicht bestehen ohne die Anwesenheit der Sexualität, weil wir alle Kinder eines Mannes und einer Frau sind. Deshalb ist Jesod das Fundament des dritten Logos, das Zentrum, in dem die Kraft das Heiligen Geistes ruht. Es gibt zwei Bäume im Garten Eden: den Baum der Erkenntnis von Gut und Böse und den Baum des Lebens.

Der Baum der Erkenntnis von Gut und Böse ist die Sexualität, und dieser Baum wird symbolisiert durch die Sexualorgane. Der Baum des Lebens wird in unserem physischen Leib durch die Wirbelsäule dargestellt.

Jede wahre kulturelle Glaubenslehre muss die beiden Bäume eingehend studieren. Denn wenn man den einen Baum studiert und den anderen übersieht, erhält man ein unvollständiges Wissen, das nutzlos ist. Wozu soll es gut sein, das Sein zu studieren, wenn wir nichts über die Sexualität wissen? Beide Bäume stammen aus Eden und sie haben sogar gemeinsame Wurzeln.

Sie sind die zwei großen Hauptsäulen der Weißen Loge, die Weisheit und die Liebe. Weisheit ist der Baum der Erkenntnis von Gut und Böse und Liebe ist der Baum des Lebens. Im alten Ägypten wurde die Lehre der zwei Bäume gründlich studiert. Der verhängnisvolle Schatten des Baumes des Lebens ist das *Ich*. Der verhängnisvolle Schatten des Baumes der Erkenntnis ist die Unzucht. Die Menschen halten die Schatten für Wirklichkeit.

Wer der Aktivität des *Ichs* ein Ende macht, verwirklicht das Sein in sich selbst. Er setzt der Unzucht ein Ende und verwandelt sich in einen Christus.

*Und Gott der Herr gebot dem Menschen und sprach: Du sollst essen von allerlei Bäumen im Garten aber vom Baum der Erkenntnis des Guten und Bösen sollst du nicht essen, denn an dem Tag, an dem du davon issest, wirst du des Todes sterben. (*Genesis 2:16-17*)*

*Und als das Weib sah, dass von dem Baum gut zu Essen wäre und er lieblich anzusehen war und er ein Baum war, der weise machte, nahm sie von der Frucht und aß und gab auch ihrem Mann davon und er aß. (*Genesis 3.6*)*

Und Gott, der Herr sprach: Siehe, Adam ist geworden wie unsereiner und weiß, was gut und böse ist. Nun aber, dass er nicht ausstrecke seine Hand und breche von dem Baum des Lebens und esse und lebe ewiglich. So vertrieb er den Menschen; und er setzte Cherubim in den Osten von Eden mit einem flammenden Schwert, das sich in alle Richtungen bewegt um den Weg zum Baum des Lebens zu hüten. (Genesis 3: 22-24)

Wenn es dem Menschen gelungen wäre, die köstlichen Früchte vom Baum des Lebens zu essen, dann hätten wir jetzt Götter, die unzüchtig wären. Das wäre der schlimmste Fluch gewesen. Das schrecklichste Opfer. Das Unmögliche. Das flammende Schwert der kosmischen Gerechtigkeit lodert feurig, drohend und schrecklich, sie bewacht den Weg zum Baum des Lebens.

Aus der sephirotischen Krone, Vater, Sohn und Heiliger Geist, ist der Innerste geboren. Der Innerste ist umhüllt von sechs untergeordneten Vehikeln, die sich gegenseitig durchdringen und den Menschen bilden. Alle Fähigkeiten und Mächte des Innersten sind Früchte vom Baum der Erkenntnis.

Wenn der Mensch nach Eden zurückkehrt, (auf demselben Weg, auf dem er Eden verlassen hat) wird er die Früchte des Baumes der Erkenntnis essen können.

Dann ist er imstande, Gott ins Angesicht zu schauen, ohne zu sterben, und Blitze werden ihm als Zepter und Stürme als Teppiche für seine Füße dienen. Es gibt zehn Schwingungen des Lebens, die sich gegenseitig durchdringen, ohne sich zu vermischen. Diese zehn ewigen

Emanationen sind die zehn Sephiroth der Kabbala; die zehn Äste des Baumes des Lebens.

Nun verstehen wir, warum Gott uns zehn Finger an unseren Händen gegeben hat. Die zwölf Sinne des Menschen (die 7 Chakren oder Kirchen + die 5 physischen Sinne = 12) sind mit unserer Wirbelsäule verbunden. Die Wirbelsäule ist der physische Ausdruck des Baumes des Lebens; die zwölf Sinne sind die Früchte des Baumes des Lebens.

Die Sephiroth

	Sephira	Kabbalistischer Name	Christlicher Name	Eigenschaft	Körper
1, 00	Kether	Hajoth Ha Kadosh	Seraphim	Höchste Krone	Vater
2	Chokmah	Ophanim	Cherubim	Weisheit	Sohn
3	Binah	Aralim	Throne	Intelligenz	Heiliger Geist
4	Chesed	Hasmalim	Herrschaften	Liebe	Innerster
5	Geburah	Seraphim	Gewalten	Gerechtigkeit	Göttliche Seele
6	Tiphereth	Malachim	Mächte	Schönheit	Menschliche Seele
7	Netzach	Elohim	Fürstentümer	Triumph	Mentalkörper
8	Hod	Beni Elohim	Erzengel	Glanz	Astralkörper
9	Jesod	Cherubim	Engel	Fundament	Ätherischer Körper
10	Malchuth	Ischim	Eingeweihter	Das Reich	Physischer Körper

Die zehn Sephiroth der universalen Schwingung entstehen aus Ain Soph, dem mikrokosmischen Stern, der unser Inneres leitet. Das wahre Sein unseres Seins. Man spricht von 10 Sephiroth, in Wirklichkeit gibt es zwölf; Ain Soph Aur ist das elfte, Ain Soph ist das zwölfte und seine finstere Antithese ist der Abgrund.

Es gibt 12 Sphären oder Regionen, die sich gegenseitig durchdringen, ohne sich zu vermischen. Die 12 Sphären kreisen um das zentrale Atom des Symbols des Unendlichen.

In diesen 12 Sphären entwickelt sich die solare Menschheit. Wir erwähnten bereits, dass man das Symbol der Unendlichkeit im Zentrum der Erde, in ihrem Herzen findet. Die Sephiroth sind atomar, die 10 Sephiroth können auf drei Tafeln zurückgeführt werden:

1. Die Tafel der Quanten der strahlenden Energie, die von der Sonne kommt.
2. Die Tafel der Atomgewichte der Elemente der Natur.
3. Die Tafel der Molekulargewichte der chemischen Verbindung.

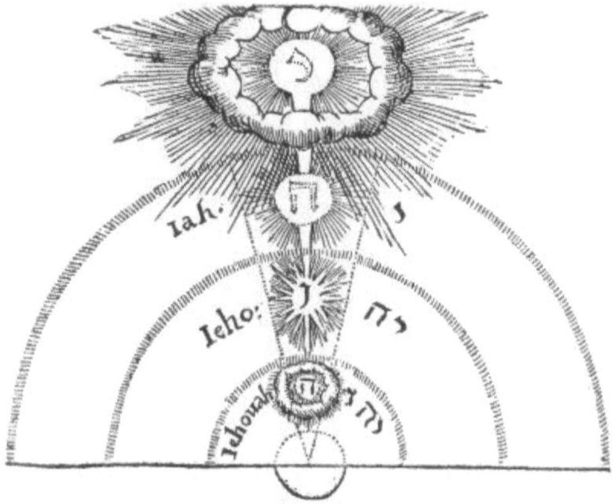

Die vier Welten der Kabbalisten: Atziluth, die göttliche Welt; Briah, die Welt der Schöpfung; Jetzirah, die Welt der Gestaltung und Assiah die materielle Welt. (Stich von Robert Fludd, XVI. Jahrhundert)

Das ist die Jakobsleiter, die von der Erde bis zum Himmel reicht. Die gesamten Welten des kosmischen Bewusstseins werden auf diese drei Tafeln zurückgeführt.

Eine Sephira kann nicht auf einer einzigen Ebene verstanden werden, weil ihr Wesen vierfach ist. Die Kabbalisten heben das klar hervor, indem sie behaupten, dass es vier Welten gibt. Aziluth ist die archetypische Welt, die Welt der Emanationen. Es ist die göttliche Welt. Briah ist die Welt der Schöpfung, auch Khorcia genannt, oder die Welt der Planung.

Yetzirah ist die Welt der Gestaltung und der Engel.

Assiah ist die Welt der Aktivität, die Welt der Materie. Die drei Sephiroth der Gestaltung befinden sich in der Säule der Strenge (Binah, Geburah, Hod).

Die drei Sephiroth der Energie befinden sich in der Säule der Barmherzigkeit (Chokmah, Chesed, Netzach).

Und zwischen diesen zwei Säulen ist die Säule des Gleichgewichts, wo sich die verschiedenen Stufen des Bewusstseins (Kether, Tipheret, Jesod, Malkuth) befinden. Alle 10 bekannten Sephiroth kommen von Sephira, der göttlichen Mutter, die im Tempel des Herzens wohnt. IO ist das Mantra der göttlichen Mutter, und die 10 Sephiroth sind die 10 Ausstrahlungen von Prakriti. Kether ist unser innerer Vater, ein Hauch des Absoluten, sich selbst zutiefst unbekannt.

Kether ist der Alte der Tage, und jeder von uns ist im Grunde ein gesegneter Alter der Tage.

Chokmah ist der Sohn, der atomare Christus in uns.

Binah ist die Mutter, der Heilige Geist in uns.

Kether, Chokmah und Binah sind unsere sephirotische Krone. Der geliebte Vater, der verehrte Sohn und der weise Heilige Geist leben in den Tiefen unseres höchsten Bewusstseins, sie erwarten den höchsten Augenblick unserer Verwirklichung.

Der Heilige Geist ist unsere göttliche Mutter, die einen blauen Mantel und eine weiße Tunika von außerordentlicher Pracht trägt. In ihrer Hand trägt die Mutter eine kostbare Lampe; diese Lampe ist der Innerste, der in den Tiefen unserer Herzen brennt. Der Innerste befindet sich in einem Gefäß aus feinem und durchsichtigem Alabaster. Dieses Gefäß ist unser höchstes Bewusstsein, es ist unser Buddhi.

Der Innerste ist die Sephira Chesed; Buddhi ist die Sephira Geburah. Der Innerste und Buddhi drücken sich durch die menschliche Seele aus. Die menschliche Seele ist Tipheret, der Wille, die Schönheit.

Somit übt der Innerste mit seinen zwei Seelen, der göttlichen und der menschlichen, sein Amt auf seinem Thron aus, der das Rückenmark ist. Der Innerste ist mit der sephirotischen Krone gekrönt. Der Innerste wohnt in seinem Tempel.

Der Tempel des Innersten hat zwei Säulen, Jakin und Boaz. Jakin ist der Mentalkörper. Boaz ist der Astralkörper. Der Verstand ist die Sephira Netzach. Der Astralkörper ist die Sephira Hod. Diese zwei Säulen stehen auf dem kubischen Stein von Jesod.

Dieser kubische Stein dient als ein Fundament für das Reich von Malkuth. Der kubische Stein ist der ätherische Körper. Malkuth ist der physische Körper. Der Mensch ist somit ein vollkommenes Dezennium. Wir haben 10 Finger an den Händen, 10 Sephiroth und 10 Gebote.

Als der Alte der Tage die 10 Sephiroth in sich verwirklichte, verwandelte er sich in Adam-Kadmon, den himmlischen Menschen. Diejenigen, die die 10 Sephiroth in sich verwirklichen, erstrahlen in unaussprechlichem christischem Glanz in der Welt des Lichtes. Als der

Alte der Tage die 10 Sephiroth in sich verwirklichte, strahlten sie in der Welt des Lichtes wie kostbare Juwelen, wie strahlende Steine, im Körper des Alten der Tage.

Wer Ohren hat, der höre, was der Geist den Gemeinden sagt; wer überwindet, dem will ich zu essen geben von dem Baum, der in der Mitte des Paradieses Gottes ist. (Off. 2:7)

Die 10 Sephiroth funkeln wie kostbare Steine im Körper des Alten des Tages. Auf diese Weise verwandeln wir uns in das himmlische Jerusalem.

„Und die Grundsteine der Mauer um die Stadt waren mit allerlei kostbaren Edelsteinen. Der erste Grundstein war ein Jaspis; der Zweite ein Saphir; der Dritte ein Chalzedonit; der Vierte ein Smaragd. Der fünfte ein Sardonyx; der sechste ein Sarder; der siebte ein Chrysolith; der achte ein Beryll; der neunte ein Topaz; der zehnte ein Chrysopas; der elfte ein Hyazinth; der zwölfte ein Amethyst. (Off. 21:19-20)

Die zehn Sephiroth sind atomar. Die zehn Sephiroth sind die heilige Stadt, Jerusalem, die in den Tiefen unseres Herzens strahlen wird.

„Inmitten seiner Straße und auf beiden Seiten des Flusses stand der Baum des Lebens, der zwölf Arten von Früchten trug, und jeden Monat Früchte brachte; und die Blätter des Baumes dienten der Heilung der Völker. Und es wird keinen Unsegen mehr geben: Sondern der Thron Gottes und das Lamm werden darin sein; und deine Knechte werden ihm dienen. Und sie werden sein Angesicht sehen; und sein Name wird auf ihren Stirnen sein; und es wird keine Nacht geben; und sie werden keiner Kerze bedürfen, noch dem Sonnenlicht; weil Gott, der Herr ihnen Licht geben wird; und sie werden regieren bis in alle Ewigkeit. (Off. 22:2-5)

Wenn der Mensch seine sephirotische Krone in sich selbst inkarniert, dann wird der Alte der Tage ihn erleuchten und er wird herrschen bis in alle Ewigkeit. Aber, Brüder meiner Seele, wahrlich ich sage euch, dass man den Vater nur durch den Sohn erreicht. Der Sohn ist der atomare Christus in uns, er ist Chokmah, die göttliche christische Weisheit, die Gnosis, die in den Tiefen unserer Herzen strahlt.

Wir müssen alle unsere Vehikel mit den Atomen der christischen Natur überfluten; wir müssen den Christus in uns erschaffen, um zum Vater aufzusteigen, weil niemand zum Vater gelangt, außer durch den Sohn.

Auch wenn der Christus tausendmal in Bethlehem geboren würde, würde es nichts nützen, solange er nicht auch in unseren Herzen geboren wird.

Wir müssen den Christus in uns erschaffen, um am Palmsonntag triumphierend und siegreich durch die Tore der Stadt zu schreiten. Weihnachten ist ein kosmisches Ereignis, das sich in jedem von uns verwirklichen muss.

Weihnachten ist vollkommen individuell. Es ist eine Notwendigkeit, dass der Christus in uns geboren wird; die Weihnacht des Herzens ist dringend notwendig. Der Baum der Erkenntnis von Gut und Böse muss in das Opferlamm der heiligen Stadt umgewandelt werden.

Wer überwindet, den will ich machen zum Pfeiler im Tempel meines Gottes und er soll nicht mehr hinausgehen. (Off. 3:12.)

Sei getreu bis zum Tod und ich will dir die Krone des Lebens geben (Off. 2:10).

Ich bin das Brot des Lebens. Ich bin das lebendige Brot. Wer mein Fleisch isset und trinket mein Blut, der hat das ewige Leben und ich werde ihn am Jüngsten Tag auferwecken. Wer mein Fleisch isset und trinket mein Blut, der wohnt in mir und ich in ihm. (Johannes 6:48,51,54,56)

Christus ist wahrlich eine sephirotische Krone von unermesslicher Weisheit, deren reinste Atome in der Welt von Chokmah, der Welt von Ophanim, erstrahlen.

Diese sephirotische Krone (von unermesslicher Weisheit) entsandte ihren Buddha, Jesus von Nazareth, der durch zahllose Reinkarnationen in unserer irdischen Evolution vorbereitet wurde.

Es geschah am Jordan, dass die christische Krone, der Solare Logos, strahlte und in seinen Buddha, Jesus von Nazareth, Einzug hielt. Hierin liegt das Mysterium der doppelten menschlichen Persönlichkeit, eines der größten Geheimnisse des Okkultismus.

Wenn ein Mensch seine sephirothische Krone erhält, dann erleuchtet ihn der Alte der Tage und führt ihn zu den reinen Wassern des Lebens. Niemand aber, meine Brüder, erreicht den Vater außer durch den Sohn und der Sohn liegt in den Tiefen der Bundeslade und erwartet den Augenblick der Verwirklichung.

Die Bundeslade sind die Sexualorgane. Nur durch die vollkommene Keuschheit ist es möglich, den Christus in uns zu erschaffen und zum Vater aufzusteigen. Nun, meine Brüder, ich habe euch hiermit die Bundeslade des Neuen Testamentes gegeben. Ich habe euch nun den Weg der Sexualmagie gelehrt.

Und der Tempel Gottes ward aufgetan im Himmel, und die Lade seines Bundes ward in seinem Tempel gesehen; und es gab Blitze und Stimmen und Donner und einen großen Hagel. (Off. 11:19).

Kether

Jeder von uns hat, in den Tiefen seines Bewusstseins, einen ehrwürdigen Alten.

Das ist der erste Logos. Die Kabalisten nennen ihn Kether.

Der Alte der Tage ist androgyn, das bedeutet, er ist Mann und Frau zur selben Zeit. Die erste und letzte Synthese unseres Seins.

Der Alte der Tage ist die erste schrecklich göttliche Emanation des absoluten abstrakten Raumes.

Der Alte der Tage ist bei jedem Menschen einzigartig, und er ist der Vater; es gibt so viele Väter im Himmel wie Menschen auf der Erde.

Der Alte der Tage ist der Verborgene des Verborgenen, die Barmherzigkeit der Barmherzigkeit, die Güte der Güte, die Wurzel unseres Seins, der große Wind.

Das Haar des Alten der Tage besitzt 13 Locken. Wenn wir das addieren, haben wir 1+ 3 = 4; 1 ist das männliche Prinzip, das Feuer; 2 ist das weibliche Prinzip, das Wasser; die 3 ist der Sohn der Schöpfung, plus die Einheit des Lebens ergibt 4; das ist das heilige Tetragrammaton. Dies ist der Name des ewigen *Iod-He-Vau-He*.

Der Bart des Alten der Tage hat 13 Locken. Der Bart stellt den Sturm dar, die 4 Winde, den Atem, das Wort. Die 4 Winde sind Iod-He-Vau-He.

Das Arkanum Nummer 13 ist der Alte der Tage. Nur durch Überwindung des Todes können wir den Alten der Tage inkarnieren.

Die Prüfungen des Todes des Arkanums Nummer 13 sind beängstigender und schrecklicher als der Abgrund.

Um den Alten der Tage in uns zu verwirklichen, müssen wir das Arkanum Nummer 13 vollkommen in uns verwirklichen.

Wir benötigen einen höheren Tod und eine höhere Auferstehung, damit wir das Recht haben, den Alten der Tage zu inkarnieren; nur wer ihn inkarniert, hat das Recht, das Haar und den Bart dieses verehrungswürdigen Alten innerlich zu tragen. Wir können den Alten der Tage nur in Anwesenheit der Engel des Todes, nachdem wir die Prüfungen des

Todes bestanden haben, inkarnieren. Wer ihn inkarniert ist ein weiterer Alter in der Ewigkeit.

Das Mantram *Pander* befähigt uns, den Alten der Tage zu erreichen. Das ist durch tiefe Meditation möglich. In der Welt von Aziluth gibt es einen wunderbaren Tempel, in dem uns die meisterliche Anwesenheit des Alten der Tage gelehrt wird.

Der Alte der Tage wohnt in der Welt von Kether; das Oberhaupt dieser Welt ist der Engel Metraton.

Dieser Engel war der Prophet Enoch. Mit seiner Unterstützung können wir die Welt von Kether betreten. Der Schüler, der die Welt von Kether im Zustand tiefer Meditation betreten will, der bete zum Engel Metraton, und er wird Hilfe bekommen.

Die aztekische Göttin des Todes hat eine Krone aus 9 menschlichen Schädeln. Diese Krone ist das Symbol des Alten der Tage. Der Schädel ist die mikrokosmische Entsprechung des Alten der Tage im Menschen.

Wir brauchen eine höhere Auferstehung, um den Alten der Tage in uns zu verwirklichen.

In der Welt von Kether verstehen wir, dass das große Gesetz alles Erschaffene regiert.

Aus der Welt des Alten der Tage betrachtet, sehen wir die Menschenmassen wie Blätter, die vom Wind verweht werden.

Der große Wind ist das schreckliche Gesetz des Alten der Tage. *Vox populi, vox Dei.*

Eine soziale Revolte ist, aus der Welt des Alten der Tage betrachtet, ein Gesetz in Aktion. Alle Personen, die gesamten Menschenmassen sind wie vom Baum gefallene Blätter, hinweggefegt vom schrecklichen „Wind" des Alten der Tage.

Die Menschen wissen nichts von diesen Dingen. Die Menschen beschäftigen sich nur damit, Geld und noch mehr Geld zu bekommen. So ist die armselig leidende Menschheit, erbärmliche Blätter, hinweggefegt vom großen Wind. Bemitleidenswerte Blätter, mitgerissen vom großen Gesetz.

Der Alte der Tage ist in seiner essenziellen Wurzel unser authentisches Sein. Er ist der Vater in uns. Er ist unser wahres Sein. Unsere

Schüler müssen sich jetzt konzentrieren und sehr tief über den Alten der Tage meditieren. Während der Meditation müssen sie den Schlaf hervorrufen.

Möge der Frieden in allen Herzen regieren. Lasst uns nicht vergessen, dass der Frieden Licht ist. Lasst uns nicht vergessen, dass der Frieden eine Essenz ist, die vom Absoluten ausgesandt wurde.

Es ist Licht, das vom Absoluten hervorgeht. Es ist das Licht des Alten der Tage.

Christus sagt: *Meinen Frieden gebe ich Euch; meine Frieden lasse ich Euch.*

Chokmah

Der Chokmah der hebräischen Kabbala ist der kosmische Christus, der Christus, der Vishnu der Hindus. Der zweite Logos, Chokmah ist Liebe, das Agnus Dei, das Opferlamm.

Er ist das Feuer selbst, das seit Anbeginn der Welt zu unserer Rettung in der gesamten Schöpfung brennt.

Es ist Feuer und liegt der gesamten organischen und anorganischen Materie zugrunde. Solare Energie ist astrales Licht. Ihre Essenz ist die christonische Macht, die im befruchtenden Pollen der Blume, im Herz der Frucht des Baumes, in den Sekretionsdrüsen von Tier und Mensch eingeschlossen ist.

Im Menschen ist ihr Hauptsitz im Steißbein. Die Azteken nannten sie die heilige Kraft: „die gefiederte Schlange von Quetzalcoatl", die nur durch die Liebesmagie erwacht und zu unserer Zirbeldrüse hinaufsteigt.

Der Christus ist die Weisheit selbst, er ist der solare Logos, dessen physischer Körper die Sonne ist. Der Christus bewegt sich mit seiner Sonne auf dieselbe Weise, wie die menschliche Seele sich mit ihrem Leib aus Fleisch und Blut bewegt.

Der Christus ist das Licht der Sonne. Das Licht der Sonne ist das Licht des Christus. Das Licht der Sonne ist eine christonische Substanz, die die Pflanzen wachsen, den Samen keimen lässt. In der dunklen Härte des Getreidekorns ist diese Substanz des solaren Logos eingeschlossen, die die Pflanze befähigt, sich unaufhörlich mit wunderbarem, üppigem und aktivem Leben zu reproduzieren.

Die vom solaren Feuer ausgesandte Energie wird im Herz der Erde fixiert und ist der pulsierende Kern der Zellen eines jeden Lebewesens. Es ist das Astrallicht, das Azoe und das Magnesium der alten Alchemisten.

Das astrale Licht durchdringt die gesamte Atmosphäre und ist der Ursprung von wunderbaren Mächten im Menschen und das heilige Feuer allen Lebens.

Diese Welt hat mithilfe des zweiten Logos Bewusstsein, aus diesem Grund können auch wir erwachen und Bewusstsein haben.

Christus ist jener reine, unbeschreibliche und schrecklich göttliche Strahl, der wie ein Blitz im Gesicht Mose erstrahlte, dort im feierlichen Mysterium des Berges Nebo.

Christus ist nicht die Monade. Christus ist nicht die theosophische Siebenheit. Christus ist nicht Jiva-Atman. Christus ist die zentrale Sonne. Christus ist der Strahl, der uns mit dem Absoluten vereint.

Ich glaube an den Sohn, den kosmischen Chrestos, die kraftvolle astrale Meditation, die unsere physische Persönlichkeit mit der höchsten Immanenz des solaren Vaters vereint. (Gnostisches Ritual)

Wisset, dass Christus kein Individuum ist. Der kosmische Christus ist unpersönlich, universell, und er ist jenseits der Individualität, der Persönlichkeit und des *Ichs*. Er ist eine kosmische Kraft, die sich durch jeden Menschen, der richtig vorbereitet ist, ausdrückt.

Eines Tages hat sie sich durch den großen *Jeshua Ben Pandira* ausgedrückt, der in der physischen Welt als Meister Jesus von Nazareth bekannt ist. Sie hat sich auch durch viele andere ausgedrückt. Christus ist eine kosmische Substanz, latent in jedem Atom des Unendlichen.

Die Substanz der Wahrheit. Christus ist die Wahrheit und das Leben. Wenn ein Mensch im Physischen, im Psychologischen und im Geistigen die christliche Substanz in sich aufnimmt, verwandelt er sich in Christus, in den lebendigen Christus. Wir müssen den Christus in uns erschaffen.

Es ist nötig, die Wahrheit zu inkarnieren. Bei den Chinesen ist Christus Fu-Ji. Für die Mexikaner ist Christus Quetzalcoatl, er war der Messias, der die Tolteken transformiert hat.

Für die Japaner ist es Amida, der die Macht hat, die Tore von Gokurak (des Paradieses) zu öffnen. In der Lehre von Zoroaster ist Christus Ahura-Mazda.

Die germanische Edda erwähnt Khristos, den Gott der in seiner Theogonie Jesus von Nazareth ähnelt, geboren an Weihnachten, am 25. Dezember um Mitternacht, ebenso wie die nordischen Christusse Odin, Wotan und Belenus.

Das Evangelium von Khrisna im tausendjährigen Indien ist dem christlichen Evangelium ähnlich. Im alten Ägypten der Pharaonen ist der Christus Osiris, und jeder, der ihn inkarnierte, war ein Osirifizierter; Hermes Trismegistos ist der ägyptische Christus, er hat Osiris inkarniert.

Jeder Mensch, dem es gelingt, die christliche Substanz aufzunehmen wird tatsächlich zu einem lebendigen Christus.

Ich möchte, dass Sie begreifen, dass der solare Logos kein Individuum ist. Der solare Logos ist ein Heer; die Stimme, das große Wort.

Das Heer der Stimme ist eine vielfältige Einheit, ewig, bedingungslos und vollkommen. Er ist der schöpferische Logos. Er ist der erste Augenblick.

Am Anfang ward das Wort und das Wort war bei Gott, und Gott war das Wort. Dasselbe war am Anfang bei Gott. Alle Dinge werden durch ihn gemacht und ohne ihn gibt es nichts Gemachtes, das gemacht ist. Und das Licht schien in die Finsternis und die Finsternis hat es nicht begriffen.(Johannes1. 1-5)

Er ist der große Atem, der dem Innern des absoluten abstrakten Raumes entströmt. Der ewige absolute abstrakte Raum ist das Sein des Seins aller Wesen, der Absolute ist der Unnennbare, der grenzenlose Raum. Jeder, der seinen Christus inkarniert, christifiziert sich und schließt sich den Reihen des Heers der Stimme an.

Und wie Moses in der Wüste eine Schlange (auf dem Stab) erhöht hat, so muss der Menschensohn erhöht werden. (Johannes 3:14)

Wir müssen den Christus inkarnieren, damit wir zum Vater aufsteigen können. Niemand kommt zum Vater außer durch den Sohn, in Christus sind wir alle eins. Im Herrn gibt es keinen Unterschied zwischen den Menschen, weil wir in Ihm alle Eins sind.

Im Reich des Herrn gibt es weder Individualität noch Persönlichkeit. Bei Ihm gibt es keine hierarchischen Unterscheidungen. Wer Ihn inkarniert, ist Er, Er, Er. „Die Vielfalt ist die Einheit."

Wir müssen der Persönlichkeit und dem *Ich* ein Ende setzen, damit das Sein in uns geboren werden kann. Wir müssen die Individualität beenden. Wenn ein Mystiker im Zustand der Ekstase all seine sieben Körper verlassen würde, um das Leben des Christus zu erforschen, dann würde er sich selbst sehen, wie er das Passionsdrama des Herrn erlebt, wie er Wundertaten und Wunder im Heiligen Land vollbringt, er würde sich selbst tot und auferstanden am dritten Tag sehen. Wenn dieser Mystiker den Platz des Christus einnehmen würde, dann wäre er in diesem Moment Er, Er, Er.

Dieses Phänomen geschieht, weil es im Reich des Christus weder Individualität noch Persönlichkeit gibt. In Christus gibt es nur ein einziges Sein, das sich als viele ausdrückt.

Mit dem Ende des *Ichs* und der Individualität bleiben nur die Werte des Bewusstseins, die die Eigenschaften des ewigen absoluten abstrakten Raumes sind.

Nur Er kann sagen: *Ich bin der Weg, die Wahrheit und das Leben.*

Ich bin das Licht. Ich bin das Leben. Ich bin der Gute Hirte. Ich bin das Brot. Ich bin die Auferstehung.

Das Sein erhält das Sein von seinem Sein, dem *Ich Bin*, diesem Hauch des großen Atems in jedem von uns, unserem persönlichen Strahl, Er, Er, Er, das *Ich Bin*, es ist der Innere Christus eines jeden Menschen, unser göttliches „*Augoeides*", der Logos. Wer die Krone des Lebens erhält, darf mit Recht sagen: *Ich bin Er, ich bin Er, ich bin Er.*

Christus wird durch den erigierten Phallus, durch das aufrechte Zepter der Macht, durch den Turm, durch den rechtwinkligen Stein und durch die Tunika des Ruhmes symbolisiert; er ist göttlichen Ursprungs.

Christus ist Liebe. Der Gegensatz von Liebe ist Hass.

Wisset, ihr Völker, Menschen und Zungen, dass der Hass zu Feuer wird, das verbrennt. Wisset, dass das schrecklichste Ungeheuer auf Erden der Hass ist. Wer lügt, sündigt gegen den Vater, der die Wahrheit ist und wer hasst, sündigt gegen den Sohn, der die Liebe ist und wer Unzucht treibt, sündigt gegen den Heiligen Geist, der die Keuschheit ist.

Binah

Binah ist der Heilige Geist, der Dritte Logos, der Herr Shiva der Hindus, der sich als sexuelle Energie in allem was ist, war und sein wird manifestiert.

Der Heilige Geist ist die sexuelle Kraft, die wir im Stempel der Blumen erkennen, das, was in den Zeugungsorganen aller lebenden Arten zum Ausdruck kommt; die wunderbare Kraft, ohne die das Universum nicht existieren könnte. Die Kabbalisten ordnen die verschiedenen Sephiroth der hebräischen Kabbala den Welten zu. So ist zum Beispiel der Alte der Tage ein Punkt im unendlichen Raum; als Symbol ist er ewig.

Chokmah wird vom Tierkreis beherrscht und ist die Wahrheit. Man sagt, dass Binah von Saturn regiert wird. Hier haben wir einen Punkt erreicht, an dem wir anderer Meinung sind. Ich möchte nicht behaupten, dass der Heilige Geist nicht von Saturn regiert wird, dass diese Verbindung zwischen den beiden nicht besteht, es gibt sie.

Aber das ist nicht alles, weil ohne Zweifel das Reich von Jupiter auf eine bestimmte Weise mit Binah verbunden ist, da er Mächte und einen Thron hat und die Wasser des Lebens wäscht.

Von Ain Soph (das übergöttliche Atom) wird Kether, Chokmah und Binah ausgestrahlt, die Krone des Lebens, der strahlende Drachen der Weisheit.

Wann die große kosmische Nacht naht, wird der strahlende Drachen der Weisheit in Ain Soph absorbiert. Hier haben wir die Trinität, die sich in der Einheit auflöst! Hier haben wir die heilige Vier, das Tetragrammaton der Kabbalisten!

Die Trinität, die vollkommene Triade, Vater, Sohn und Heiliger Geist plus die Einheit des Lebens ergibt die heilige Vier, die vier ewigen Zimmermänner, die vier Hörner des Altars, die vier Winde des Meeres, das heilige und geheimnisvolle Tetragrammaton, dessen Mantra lautet: *Iod-He-Vau-He,* der schreckliche Name des Ewigen.

Der Heilige Geist entfaltet sich zu einer unbeschreiblichen Frau, das ist die heilige Mutter, bekleidet mit einer weißen Tunika und einem blauen Mantel. Der Heilige Geist ist Shiva, der göttliche Gemahl von Shakti, der göttlichen Mutter Kundalini. Die göttliche Frau ist eine unbeschreibliche Jungfrau; die göttliche Mutter wurde bei den Azteken als geheimnisvolle Jungfrau (siehe *Christliche Magie der Azteken*, Kapitel 10).

Diese Jungfrau hat einen geheimnisvollen Mund auf der Höhe ihrer Kehle, das ist so, weil die Kehle die Gebärmutter ist, in der das Wort entsteht; die Götter erschaffen mit dem Kehlkopf.

Am Anfang war das Wort, und das Wort war bei Gott, und das Wort war Gott. Dasselbe war am Anfang bei Gott. Alles wird durch Ihn gemacht und ohne Ihn gibt es nicht Gemachtes, das gemacht ist. In Ihm war das Leben und das Leben war das Licht des Menschen. (Johannes 1:1-3)

Das Wort machte die Wasser des Lebens fruchtbar und das Universum in seinem Keimzustand erblühte prachtvoll in der Morgenröte.

Der Heilige Geist befruchtete die heilige Mutter und der Christus wurde geboren. Der zweite Logos ist immer der Sohn der jungfräulichen Mutter. Sie ist immer eine Jungfrau; vor der Geburt, während der Geburt und nach der Geburt. Sie ist Isis, Maria, Adonia, Insoberta, Rhea, Cybele, usw. Sie ist das ursprüngliche Chaos, die ursprüngliche Substanz, die *Prima Materia* des großen Werkes.

Der kosmische Christus ist das Heer des großen Wortes, und er wird immer in die Welten hineingeboren und in jeder von ihnen wird er gekreuzigt, damit alle Wesen das Leben haben und damit sie es im Überfluss haben. Der Heilige Geist ist der Erschaffer des Lichtes: *Und Gott sagte, es werde Licht und es ward Licht.*

Die esoterische Bedeutung ist: *Weil er es sagte, geschah es.*

Die Erde hat neun Sphären, und in der Neunten ist das Laboratorium des dritten Logos. Die neunte Sphäre befindet sich in Wirklichkeit im Mittelpunkt der planetarischen Masse, hier ist die heilige Acht, das göttliche Symbol das Unendlichen, das das Gehirn, das Herz und die Sexualität des planetarischen Genius darstellt.

Eine heilige Schlange liegt eingerollt im Herzen der Erde, genau in der neunten Sphäre. Diese Schlange ist von ihrer Gestalt siebenfach, und jeder ihrer feurigen Aspekte steht in Verbindung mit jeder der sieben Schlangen des Menschen.

Die schöpferische Energie des dritten Logos erzeugt die chemischen Elemente der Erde mit all ihren vielfältigen Erscheinungsformen. Wenn diese Schöpfungsenergie das Zentrum der Erde verließe, würde unsere Welt zu einem Kadaver werden. So sterben die Welten.

Das Schlangenfeuer des Menschen stammt vom Schlangenfeuer der Erde. Die schreckliche Schlange schläft tief in ihrem geheimnisvollen Nest aus seltsamen hohlen Sphären, die tatsächlich an ein echtes chinesisches Puzzle erinnern.

Dies sind feine, konzentrische, astrale Sphären. Wirklich, genauso wie die Erde neun konzentrische Sphären hat und auf dem Grund all dessen die furchterregende Schlange ist, genauso so ist es im Menschen, weil er der Mikrokosmos im Makrokosmos ist.

Der Mensch ist ein Universum im Kleinen, das unendlich Kleine entspricht dem unendlich Großen. Wasserstoff, Kohlenstoff, Stickstoff und Sauerstoff sind die 4 Grundelemente, mit denen der Dritte Logos arbeitet. Die chemischen Elemente sind in Reihenfolge ihres Atomgewichts angeordnet, das leichteste ist der Wasserstoff, dessen Atomgewicht 1 ist.

Das Letzte ist Uran, sein Atomgewicht ist 238,5, das schwerste der bekannten Elemente. Die Elektronen bilden eine Brücke zwischen Geist und Materie. Der Wasserstoff an sich ist das leichteste bekannte Element, die erste Manifestation der Schlange.

Jedes Element, jede Nahrung, jeder Organismus ist auf eine bestimmte Weise aus Wasserstoff aufgebaut. Die sexuelle Energie steht in Verbindung mit Wasserstoff 12, und seine musikalische Note ist Si.

Die elektronische solare Materie ist das heilige Feuer von Kundalini. Wenn wir diese Energie befreien, betreten wir den Weg der authentischen Einweihung.

Die Energie des dritten Logos drückt sich durch die Sexualorgane und den schöpferischen Kehlkopf aus. Dies sind die zwei Werkzeuge, durch die die kraftvolle schöpferische Energie des dritten Logos fließt. Wenn man mit dem Arkanum A.Z.F. arbeitet, erwacht die heilige Schlange.

Der aufsteigende Fluss der Schöpfungsenergie des dritten Logos ist das lebendige Feuer. Das Pfingstfeuer steigt entlang der Wirbelsäule, öffnet die Zentren und erweckt wunderbare Kräfte.

Im alten Mexiko, im Tempel der Schlangen, benannt nach Quetzalcoatl, verehrte man den Heiligen Geist; in Tuniken und Umhängen von weißer, schwarzer und roter Farbe warf man gemahlene Schneckenhäuser auf die glühende Kohle; dafür wurden weiße, schwarze und rote Meeresschnecken verwendet.

Das Weiße ist der reine Geist, Schwarz symbolisiert den Sturz des Geistes in die Materie, und Rot ist das Feuer des Heiligen Geistes, mit dem wir zum Weiß des reinen Geistes zurückkehren. Das Räucherwerk stieg hinauf in den Himmel und der Priester betete für das Leben und die Pflanzen gediehen, weil der Heilige Geist das sexuelle Feuer des Universums ist.

Dieses Ritual wurde im Tempel von Quetzalcoatl vor Sonnenaufgang durchgeführt, weil der Heilige Geist der Erschaffer des Lichtes ist. Der Priester sang das Mantra: In En.

Der Prophet Jonas vollzog das Ritual des Heiligen Geistes auf die gleiche Weise wie die Azteken, und er verwendete dieselbe Kleidung und dasselbe Räucherwerk. Er sang auch dieselben Mantras, In, En, als er den Weihrauch auf das Feuer legte. Dieser Ritus sollte in allen gnostischen Heiligtümern eingeführt werden.

Die Schnecken sind verbunden mit dem Wasser des Meeres und das Wasser ist der Wohnort des Feuers des Heiligen Geistes. Deshalb sind die Meeresschnecken das vollkommene Räucherwerk des Heiligen Geistes.

Die Mutter oder der Heilige Geist schenkt uns die Macht und die Weisheit. Die Symbole der Jungfrau sind: die Yoni, der Kelch und der Schleier der Verhüllung.

Chesed

Chesed ist der Innerste; bei den Hindus ist er Atman. Es wird behauptet, dass Chesed direkt von Jupiter regiert wird und von keinem anderen.

Das ist falsch, der Innerste gehört dem Mars an, er ist ein Krieger, ein Kämpfer, aber viele Kabbalisten akzeptieren das nicht und betrachten das sogar als absurd. Wer aber direkte Erfahrung mit Chesed hat, der weiß, dass er ein Krieger ist. Es ist der Innerste, der bis zum Tod gegen die Finsternis kämpfen muss, der hart für seine eigene Selbstverwirklichung kämpfen muss, der sich immer im Kampf befindet.

Offensichtlich ist etwas vom Einfluss Jupiters vorhanden, denn er ist imstande, das Zepter der Könige zu ergreifen; das bestreite ich nicht. Dass Chesed aber einzig und allein dem Jupiter angehört, ist falsch. Atman ist unser Innerster, unsere göttliche Seinheit; jenes siebte Prinzip, das es in den Wesen gibt, das aber die Menschen nicht besitzen.

Um mit Atman zu verschmelzen, ist folgende Erfahrung notwendig: Den Astralkörper zu benutzen, den physischen Körper zu verlassen.

Man entledigt sich des Astralkörpers, indem man ihm befiehlt, *entferne dich*; das erfordert Willen. Der Astralkörper verlässt den Körper durch die Wirbelsäule, und wir bleiben in der Mentalebene.

Später entledigt man sich des Mentalkörpers, indem man befiehl: *Mentalkörper entferne dich.*

Das geschieht durch einen Willensakt, und man befindet sich im Kausalkörper, dem man auch befiehlt, zu gehen; auch das erfordert eine große Anstrengung.

Der Körper des bewussten Willens arbeitet besser, und man befiehlt ihm, sich zu entfernen und die 33 Wirbel zu verlassen, so bleibt der buddhische oder intuitive Körper zurück; dieser ist sehr gehorsam und man befiehlt auch ihm zu gehen und befindet sich in der Welt von Chesed, von Atman, dem Unaussprechlichen.

In der Welt von Atman fühlt man sich als vollkommener Mensch. Hier auf Erden ist das intellektuelle Tier kein Mensch. Der Eingeweihte fühlt sich erfüllt von einer unermesslichen Fülle. Dort, in dieser Welt ist er ein *wahrer Mensch* im objektivsten Sinn. Sein negativer Teil ist in der physischen Welt, die Welt des Atman ist ein positiver Zustand.

Dort sieht man eine Stadt in ihrer realen Form, denn einen Tisch sieht man von allen Seiten, von unten, von oben, von innen, von außen; dasselbe gilt auch für einen Berg.

In einer Küche sieht man, aus wie vielen Atomen ein Besteck besteht, wie viele Moleküle das Brot oder das Fleisch, das wir essen, enthält.

Wir erkennen nicht nur die Festkörper in ihrer vollständigen Form, sondern auch die Hyper-Festkörper, einschließlich der genauen Anzahl der Atome, die zusammen jeden Körper bilden.

Wenn der Student nicht vorbereitet ist, wird er enttäuscht sein, weil er sich in einer Welt von grausamer Realität vorfindet, das ist die Welt der Mathematik. Hier sieht man das Drama der Natur, hier ist man Zuschauer der Natur. Die Welt der Mathematik ist die Welt von Atman. Das, was denkt, ist der Verstand, nicht der Innerste.

Der menschliche Verstand in seinem gegenwärtigen Stand der Evolution ist das Tier, das wir in uns tragen. Das Konzept von Descartes: *Ich denke, also bin ich,* ist vollkommen falsch, weil der wahre Mensch der Innerste ist, und der Innerste denkt nicht, er weiß.

Atman muss nicht denken, denn er ist allwissend. Unser Innerster ist Ja, Ja, Ja. Die Weisheit unseres Innersten ist Ja, Ja, Ja. Die Liebe unseres Innersten ist Ja, Ja, Ja.

Wenn wir behaupten: *Ich bin hungrig, ich bin durstig,* usw., behaupten wir etwas Absurdes, weil der Innerste weder Hunger noch Durst hat. Wer Hunger und Durst verspürt, ist der physische Körper. Am korrektesten wäre es, zu sagen: *mein Körper hat Hunger, mein Körper hat Durst.* Dasselbe geschieht mit dem Verstand, wenn wir sagen: *Ich habe große mentale Kraft, ich habe ein Problem, ich habe diesen Konflikt, ich habe dieses Leid, mir kommen diese Gedanken*, usw. Wir machen dann schwerwiegende Falschaussagen, weil diese Dinge zum Verstand, nicht zum Innersten gehören. Der wahre Mensch ist der Innerste, er hat keine Probleme, die Probleme gehören dem Verstand an.

Der Innerste muss den Verstand mit der schrecklichen Peitsche des Willens züchtigen. Der Mensch, der sich mit dem Verstand identifiziert, fällt in den Abgrund.

Der Verstand ist der Esel, den wir reiten müssen, um das himmlische Jerusalem zu betreten. Wir müssen dem Verstand deshalb befehlen: *Verstand, entferne dieses Problem, Verstand, entferne diesen Wunsch, usw. Ich werde es dir nicht erlauben, ich bin dein Herr und du mein Sklave bis zum Ende aller Zeiten.*

Wehe, dem Menschen, der sich mit dem Verstand identifiziert, denn er verliert seinen Innersten und endet im Abgrund. Die, die behaupten, dass alles Verstand ist, begehen einen großen Fehler, weil der Verstand nur das Mittel des Innersten ist.

All diese Werke, die dazu tendieren, den Menschen mit dem Verstand zu identifizieren, sind wirklich Schwarze Magie, denn der authentische Mensch ist nicht der Verstand. Wir dürfen nicht vergessen, dass die subtilsten und gefährlichsten Dämonen, die es im Universum gibt, der Mentalebene angehören.

Der Innerste spricht folgendermaßen zum Verstand: *Behaupte nicht, dass deine Augen dir gehören, weil Ich mit ihrer Hilfe sehe. Behaupte nicht, dass deine Ohren dir gehören, weil Ich mit ihnen höre. Behaupte nicht, dass dein Mund dir gehört, weil Ich durch diesen Mund spreche. Deine Augen sind meine Augen. Deine Ohren sind meine Ohren. Dein Mund ist mein Mund.*

In den inneren Welten müssen wir den Mentalkörper von uns weg schleudern, um von Angesicht zu Angesicht mit ihm zu sprechen, wie mit einer anderen Person.

Dann verstehen wir vollständig, dass der Verstand eine fremde Person ist, die wir zu beherrschen lernen müssen, mit der furchtbaren Peitsche des Willens. Der Schlupfwinkel der Begierde ist im Verstand.

Der Innerste ist der wahre Mensch, der in jedem menschlichen Körper inkarniert lebt, und den wir alle gekreuzigt in unserem Herzen tragen. Wenn der Mensch aus seinem Traum der Unwissenheit erwacht, ergibt er sich seinem Innersten. Dieser vereint sich mit dem Christus und der Mensch wird allmächtig, wie das Absolute, aus dem er einst kam.

Der Innerste ist der Gott im Menschen. Der Mensch, der die große Wahrheit ignoriert, ist nur ein Schatten, der Schatten seines Innersten.

Das Symbol des Innersten ist der fünfzackige Stern, die Pyramide, das gleicharmige Kreuz, das Zepter.

Geburah

Geburah ist die Strenge des Gesetzes, sie ist Buddhi, die spirituelle Seele, die Walküre, von der der spanische Schriftsteller Mario Rosa de Luna spricht, sie ist die schöne Helena, usw.

Geburah, Buddhi wurde als ausschließlich marsianisch angesehen, das ist ein Irrtum, weil das Reich der spirituellen Seele weiblich ist, dort gibt es den Löwen des Gesetzes, der solar ist. Somit finden wir in Geburah die Strenge des Gesetzes, aber wir entdecken hier auch den Edelmut des Löwen, deshalb ist die intuitive buddhische Welt vollkommen solar. Geburah ist das Gesetz der Gerechtigkeit.

Die Welt von Geburah basiert auf der Gerechtigkeit. Die Herren des Karmas stützen sich auf das „Bewusstsein", um im Gerichtshof des Karmas zu urteilen.

Die Meister des Karmas sind Richter des Bewusstseins. Die Gerechtigkeit ist jenseits von Gut und Böse. Wenn man das Licht erreicht, weiß man, was Liebe ist; und wenn man weiß, was Liebe ist, versteht man zu lieben und wird verstehen, dass bewusste Liebe das Gesetz ist.

Es ist wertlos, Gutes zu tun, ohne zu wissen, wie man es tut. Der Oberste der Archonten des Gesetzes ist der Meister Anubis, der mit seinen 42 Richtern richtet. Bei ihrer Amtsausübung tragen sie eine heilige Maske in Form eines Schakalkopfes oder eines gefiederten Wolfes, der ein Sinnbild der Wahrheit ist.

Die Gerechtigkeit ist das höchste Erbarmen und die höchste Erbarmungslosigkeit des Gesetzes.

Beim Gericht des Karmas kann der, der bezahlen kann, ein gutes Geschäft machen. Wir müssen unablässig Gutes tun, damit wir die erforderlichen Mittel haben, um unsere Schulden aus diesem und den vorigen Leben zu bezahlen.

Es ist unmöglich, dem Karma zu entkommen, weil die Polizei des Karmas in uns selbst ist, sie ist das *Kaom*. Wo immer es an Liebe fehlt, erscheint das Kaom, die Polizei, der Ankläger, der uns vor den Gerichtshof des Karmas führt. Es ist möglich, das Karma mit guten Taten aufzulösen. Auf diese Weise wird der Löwe des Gesetzes bekämpft. Wenn ein niedriges Gesetz durch ein höheres überwunden wird, löscht das höhere Gesetz das niedrigere.

Das Karma ist kein mechanisches Gesetz, es kann verziehen werden. Tue Gutes, um somit deine Schulden aufzulösen.

Jeder von uns hat ein Buch, in dem unsere Vergehen und der Tag und die Stunde, in der sie begangen wurden, aufgezeichnet sind.

Wenn wir den Punkt erreicht haben, an dem wir absolut ungefährlich sind, wenn man nicht mehr fähig ist, anderen Schaden zuzufügen, dann ist das Karma vergeben. Karma ist eine Medizin, die uns gegeben wird. Buddha sagt, dass es drei ewige Dinge im Leben gibt:

1. Das Gesetz.
2. Das Nirvana.
3. Der Raum.

Tiphereth

Tiphereth ist der Gemahl der Gemahlin, das höhere Manas der orientalischen Theosophie, das nichts anderes als die menschliche Seele ist, der Kausalkörper.

Es ist diese Seele, die leidet, und die den überaus menschlichen Teil in uns ausmacht. Wir müssen unterscheiden zwischen der menschlichen Seele und Tiphereth an sich. Es ist leicht, Tiphereth mit dem Kausalkörper zu verwechseln. Der Kausalkörper dient Tiphereth als Vehikel.

Manche Kabbalisten behaupten, dass die Welt von Tiphereth, die Welt der menschlichen Seele, oder des Menschensohnes von der Sonne beherrscht wird. In Wirklichkeit ist es nicht so, denn sie wird von Venus regiert; deshalb wurde der Christus am Karfreitag gekreuzigt, und das ist etwas, worüber wir meditieren müssen.

Die Hochzeit von Guinever, der göttlichen Amazone, der göttlichen Seele, mit dem Ritter, der menschlichen Seele, ist ein wunderbares Ereignis. Dadurch erfahren wir eine radikale Veränderung, weil Buddhi wie ein zartes und durchsichtiges Gefäß aus Alabaster ist, in dem die Flamme des Prajna (des Seins) brennt.

Die esoterischen Schriften der Hindus erwähnen ständig die berühmte Trimurti, Atman-Buddhi-Manas.

Das ist der Innerste mit seinen zwei Seelen, der spirituellen Seele (weiblich) und der menschlichen Seele (männlich).

Die Quelle und das Fundament der hohen Magie liegen in der vollkommenen Hochzeit von Buddhi-Manas, sei es in den rein spirituellen oder in den irdischen Welten.

Die authetischen Einweihungsschulen lehren eindeutig, dass die schöne Helena Buddhi ist, die spirituelle Seele der sechsten venusischen Einweihung, die potenzielle weibliche Shakti des inneren Seins.

Die schöne Helena von Troja ist dieselbe, wie die Helena in Goethes Faust.

Helena symbolisiert ganz eindeutig die Hochzeit von Nous (Atman-Buddhi) und Manas (der menschlichen Seele). Durch die

Vereinigung, in der Bewusstsein und Wille gleichgesetzt werden, werden die göttlichen Mächte auf beide Seelen übertragen.

Die Essenz von Atman, des ursprünglichen, ewigen und universellen göttlichen Feuers befindet sich innerhalb von Buddhi, die in der vollkommenen Verbindung mit Manas das Männlich-Weibliche darstellt.

Er und Sie, Manas und Buddhi, ist die Zwillingsseele in uns selbst (obwohl das intellektuelle Tier sie noch nicht inkarniert hat), die zwei geliebten Kinder von Atman.

Gemahl und Gemahlin, die ewig verliebt sind. Die ewige Dame, die spirituelle Seele, fordert von ihrem Ritter, der menschlichen Seele, immer alle Arten von unglaublichen Opfern und Wunder an Tapferkeit. Glücklich ist der Ritter, der nach harten Kämpfen die Verlobung mit Guinevere, der Königin des Jinas, feiert!

Das intellektuelle Tier, fälschlicherweise Mensch genannt, hat in sich einen Bruchteil der menschlichen Seele inkarniert. Diesen Bruchteil nennt man Essenz; im japanischen Zen wird sie einfach Buddhata genannt. Es ist der psychische Stoff, aus den man den goldenen Embryo erschaffen kann und muss (siehe Buch: *Das Mysterium des goldenen Blühens.)*

Beklagenswerterweise schläft die Essenz in dieser zusammengewürfelten und grotesken Masse von niederen, finsteren Wesenheiten, die das *Ego*, das *Mich Selbst*, das *Sich Selbst* bilden.

Diese Essenz ist jedoch die *Prima Materia*, mit der die Seele erschaffen werden soll. Unglücklicherweise wird dieser Begriff immer noch nicht ganz verstanden von unseren gnostischen Schülern.

Das chinesische Tao lehrt eindeutig, dass die Essenz, eingekapselt in dieser Menge von *Ich-Teufeln*, die das *Ego* bilden, in der neunten Sphäre durch beständige alchemistische Transformationen gehen muss, bevor sie sich in die *seminale Perle* verwandelt.

Die seminale Perle muss zum goldenen Embryo werden, indem man sie mithilfe der Sexualmagie und der Arbeit mit der Lanze des Longinus (das tierische *Ego* in kosmischen Staub verwandeln) entwickelt.

Der wunderbare Widerschein der sexuellen Energie in Form eines strahlenden Wirbels, der wie ein Lichtstrahl ist, der von einer Wand reflektiert wird, bewirkt in uns die Kristallisation der goldenen Blüte, die bekanntermaßen im Neophyten ein permanentes Bewusstseinszentrum bildet. Der goldene Embryo, bekleidet mit dem Hochzeitsgewand der Seele, erfährt wahrlich höchste Glückseligkeit, in dem Augenblick, in dem er sich mit der menschlichen Seele vereint. Von diesem Moment an sagt man, sind wir Menschen mit Seele, heilige Individuen, wirklich verantwortliche Personen im vollständigen Sinn des Wortes.

Im goldenen Embryo befinden sich alle Erfahrungen des Lebens zusammengefasst, deshalb ist es offensichtlich, dass es tiefe Veränderungen in den unsterblichen pneumatischen Gesetzmäßigkeiten des Menschen bewirkt. Auf diese Weise werden wir zu Adepten der weißen Bruderschaft. Die Welt von Tiphereth ist die Welt des Willens.

In dieser Welt herrscht nur der Wille des Vaters, wie im Himmel, so auf Erden. Es ist eine Welt, die jenseits des Verstandes liegt, sie ist von intensiver, elektrisch blauer Farbe. Es gibt viele andere Farben, aber die Grundfarbe ist blau.

In dieser Welt der natürlichen Ursachen findet man viele Bodhisattwas, die unter Anleitung ihres wahren Seins arbeiten.

In dieser Welt überwiegt die Musik, der Klang. Jeder, der die fünfte Einweihung des Feuers erreicht, wird ein Adept und hat die Erlaubnis, in das Reich der Musik einzutreten. Hier befindet sich der Tempel der Musik der Sphären.

Einer der Wächter des eben erwähnten Tempels ist ein großer Meister, der Beethoven hieß, als er in der physischen Welt lebte. Er ist ein großer Eingeweihter; seine neun Symphonien sind wunderbar.

Jeder, der diesen Bereich erreicht, muss die grundlegenden Begriffe der Musik lernen, weil sie das Wort ist.

In diesem erhabenen Bereich hört man die Musik der Sphären, die auf den drei Takten von Mahavan und Chotavan basiert, die das Universum in seinem Rhythmus halten. Dieser Rhythmus ist vollkommen, in dieser Musik kann es keinen Fehler geben.

Im Bereich von Tiphereth ist das *Tuch der Veronika*, das für die „Willenskraft Christi" steht, d. h., dass der Willen des Vaters erfüllt werden muss.

Es ist nicht möglich, den bewussten Willen zu erlangen, ohne in der neunten Sphäre zu arbeiten. Es gibt viele Orte, an denen die Menschen sich schrecklichen Torturen unterwerfen, um den bewussten

Willen zu erreichen, aber das Einzige was sie erreichen, ist, etwas Energie zu speichern.

Der wahre Fakir hat seinen Guru und er verlässt Indien nicht. Fakire erlangen viele Mächte, aber nichts weiter; es gibt einige, die einen Arm heben, ihn nie wieder senken und dadurch verkrüppelt er. Damit wollen sie Willenskraft erzeugen, aber mehr erreichen sie nicht, die Erschaffung des bewussten Willenskörpers gelingt ihnen nicht.

All diese Wunder bringen die Menschen vom Weg ab, deshalb sind die Fakire auf dem falschen Weg. Wenn man den Körper des bewussten Willens erschaffen hat, wird man ein zweimal Geborener.

Netzach

Netzach ist die Mentalwelt, der kosmische Verstand, der Verstand des menschlichen Wesens.

Es gibt Autoren, die behaupten, dass der Verstand der Venus angehört, dem muss ich widersprechen, weil er dem Merkur angehört. Es ist für jeden möglich, zu begreifen, dass der Verstand merkurisch ist, weil Merkur die Weisheit, das Wort, usw. gibt.

Der Mentalkörper der menschlichen Rasse befindet sich jetzt in der Morgendämmerung der Evolution. Wenn man die Physiognomie des Mentalkörpers der menschlichen Wesen hellsichtig betrachtet, kann man diese Behauptung bestätigen.

Das Gesicht des Mentalkörpers der meisten menschlichen Wesen trägt die Züge eines Tieres. Wenn wir die Sitten und Gewohnheiten der menschlichen Rasse beobachten, dann verstehen wir, warum der Mentalkörper des Menschen eine tierische Physiognomie hat.

Der lunare Mentalkörper, den wir besitzen, ist tierischer Natur. Der solare Mentalkörper ist die Antithese, der Christus-Verstand. Der lunare Mentalkörper, den wir besitzen, ist tierischer Natur, und sogar die Tiere und die Pflanzen haben ihn.

Der einzige Unterschied zwischen dem Tier und dem sogenannten Menschen ist, dass Letzterem der Intellekt gegeben wurde, während die Tiere nur instinktiv handeln.

Der solare Mentalkörper ist kein unklarer, abstrakter Körper, er ist ein Körper aus Fleisch und Knochen; aber aus unvergänglichem Fleisch, das nicht von Adam kommt und das durch eine Wand gehen kann. Es muss in der neunten Sphäre gefertigt werden.

Der solare Mentalkörper ist ein Körper der Vollkommenheit, der isst, trinkt, verdaut; er hat seine spezielle Nahrung, seine Ernährung, seine Entwicklung. In der Welt des Verstandes gibt es viele Tempel, die durch das Schwert erobert werden müssen.

Wenn man in der vierten Einweihung der höheren Mysterien arbeitet, trifft man auf viele Finstere und man muss kämpfen. Wenn man diesen Körper erschafft, erreicht man die Stufe des Buddhas. Die gesegnete Mutter dieser Welt stellt diese Person im Tempel des Verstandes vor und sagt: „Hier ist mein geliebter Sohn, hier ist ein neuer Buddha".

Sie setzt ihrem Sohn dann das Diadem von Shiva auf und kleidet ihn in das gelbe Gewand der Buddhas. Sanat Kumara, der berühmte Gründer des großen Kollegiums der Eingeweihten der weißen Loge, ruft dann aus: *Du hast dich von den vier Körpern der Sünde befreit und hast die Welt der Götter betreten, du bist ein Buddha; wenn der Mensch sich von den vier Körpern der Sünde befreit, ist er ein Buddha.* Dann schenkt er ihm den Reichsapfel des Imperators, auf dem sich ein Kreuz befindet.

Unsere Schüler müssen den Vorgang des Denkens durch die Schönheit des Verstehens ersetzen. Der Vorgang des Denkens trennt den Verstand vom Innersten.

Ein vom Innersten getrennter Verstand fällt in den Abgrund der schwarzen Magie. Das Denken ist ein Verbrechen der Majestätsbeleidigung gegen den Innersten.

Oft gibt der Innerste einen Befehl, und der Verstand lehnt sich mit seinen Argumenten dagegen auf. Der Innerste spricht in Form von Vorahnungen oder Gedanken; der Verstand rebelliert, argumentiert und vergleicht. Die Argumentation basiert auf der Meinung, auf dem Kampf der gegensätzlichen Konzepte, auf der Wahl der Begriffe, usw.

Das Denken teilt den Verstand durch den Kampf der Antithesen. Die gegensätzlichen Konzepte verwandeln den Verstand in ein Schlachtfeld. Ein Verstand, der durch den Kampf der Argumentation, durch den Kampf der gegensätzlichen Konzepte zerteilt ist, zerstückelt sein Verständnis und verwandelt den Verstand in ein nutzloses Werkzeug für das Sein, für den Innersten.

Wenn der Verstand nicht dem Innersten als Werkzeug dienen kann, dann dient er den tierischen *Ichs* als Werkzeug und macht den Menschen zu einem blinden und dummen Wesen, zu einem Sklaven der Leidenschaften und der sinnlichen Wahrnehmungen der äußeren Welt. Die dümmsten und unzüchtigsten Wesen auf der Erde sind die großen intellektuellen Denker.

Der Intellektuelle verliert die Bedeutung des Satzes, weil es ihm an Punkt und Komma fehlt. Die intuitive Person versteht zu lesen, wo der Meister nichts schreibt und versteht zu hören, wo der Meister schweigt. Der Intellektuelle ist der vollkommene Sklave seiner äußeren Sinne, und seine Seele ist unfähig, wie ein Schiff, das der Wind über das Wasser treibt. Die spirituellen Denker sind die unglücklichsten Wesen, die auf der Erde existieren.

Sie haben ihren Verstand vollgestopft mit Theorien und noch mehr Theorien, und sie leiden fürchterlich, weil sie unfähig sind, zu verwirklichen, was sie gelesen haben.

Diese bedauernswerten Wesen sind schrecklich stolz, und normalerweise führt das dazu, dass sie sich vom Innersten trennen und sich in tantrische Persönlichkeiten des Abgrundes verwandeln.

Wenn wir den Verstand irgendeines theoretisierenden und pseudoesoterischen Schüler genau untersuchen, stellen wir fest, dass er eine wandelnde Bibliothek ist.

Wenn wir dann die Kirche von Ephesus im Steißbein, oder das Chakra Muladhara betrachten, stellen wir fest, dass Kundalini vollkommen eingeschlossen ist, ohne das geringste Zeichen des Erwachens, und wenn wir den Kanal von Sushumna des Schülers untersuchen, finden wir keine Spur des heiligen Feuers.

Wir sehen, dass alle 33 Kammern des Schülers voller Dunkelheit sind. Diese innere Untersuchung würde uns zu der Schlussfolgerung führen, dass der Schüler seine Zeit beklagenswerterweise verschwendet. Der Mentalkörper des Schülers könnte eine wahre Bibliothek sein, aber die 33 Kammern in seiner Wirbelsäule würden erloschen und in tiefer Dunkelheit sein.

Schlussfolgerung: Dieser Schüler ist ein Bewohner der Finsternis, des Abgrundes …

Die Intellektuellen sind voller Stolz, Arroganz und sexueller Leidenschaft. Der Intellekt basiert auf dem Verstand und der Verstand ist luziferisch und dämonisch. Es gibt diejenigen, die glauben, dass sie durch ihn Gott kennen würden; wir behaupten, dass nur Gott sich selbst kennt.

Es ist besser, die innere Meditation zu praktizieren, als die Zeit mit Denken zu vergeuden. Durch die innere Meditation können wir mit Gott, dem Innersten, dem Sein, dem Höchsten sprechen und so können wir vom inneren Meister lernen, so können wir die göttliche Weisheit zu Füßen des Meisters studieren. Der Prozess des Denkens zerstört feine

Membranen des Mentalkörpers. Der Gedanke muss still, heiter und vollkommen fließen, ohne den Kampf der Antithese, ohne den Prozess des Denkens, der den Verstand in gegensätzliche Konzepte zerteilt. Wir müssen aufhören, zu denken und die Intuition erwecken, nur so können wir die wahre Weisheit Gottes erlernen, nur so ruht der Verstand in den Händen des Innersten.

Die wahre positive Aufgabe des Verstandes ist die Kunst, die Schönheit, die Liebe und die Musik; die mystische Kunst die göttliche Architektur, die Malerei, den Gesang, die Bildhauerei, die Technologie, die den Menschen dient, zu lieben; aber ohne Egoismus und ohne Bosheit, ohne Hass, usw.

Der Intellekt ist die negative Tätigkeit des Verstandes, er ist dämonisch. Jeder, der diese Studien beginnt, will zuerst den Verstand der anderen beherrschen. Das ist echte und wirkliche schwarze Magie. Niemand darf den freien Willen der anderen verletzen. Niemand darf Zwang auf den Verstand eines anderen ausüben, weil das schwarze Magie ist.

Verantwortlich für diesen schweren Fehler sind all die sich irrenden Autoren, die man überall findet. All die Bücher über Hypnose, Magnetismus und Suggestion sind Bücher der schwarzen Magie. Wer den freien Willen der Anderen nicht zu respektieren versteht, ist ein schwarzer Magier.

Die, die den Verstand benutzen, um gewaltsam den Verstand einer anderen Person zu beherrschen, werden zu bösartigen Dämonen. Sie trennen sich vom Innersten und stürzen in den Abgrund. Wir müssen den Verstand von allen Arten von Vorurteilen, Begierden, Ängsten, Hassgefühlen, Schulen, usw. befreien. All diese Fehler sind Fesseln, die den Verstand an die äußeren Sinne ketten.

Der Prozess des Denkens muss durch die Eigenschaft des Urteilsvermögens ersetzt werden. Das Urteilsvermögen ist die direkte Wahrnehmung der Wahrheit ohne das Denken. Das Urteilsvermögen ist Verstehen ohne die Notwendigkeit zu denken. Wir müssen den Prozess des Denkens durch die Schönheit des Verständnisses ersetzen.

Der Verstand muss vollkommen kindlich werden, er muss zu einem Kind voller Schönheit werden. Die Symbole von Netzach sind: die Lampe, der Gürtel, die Rose.

Hod

Hod ist die Astralwelt, der Astralkörper. Die Astralwelt wird vom Mond beherrscht, deshalb sind Astralreisen bei zunehmendem Mond einfacher und etwas schwieriger bei abnehmendem Mond.

Die Astralebene ist in Wahrheit die Welt der praktischen Magie. Bei manchen Stämmen, zum Beispiel bei denen im tiefen Dschungel des Amazonas, geben die Piaches, die Hexen-Priester, ihren Leuten ein bestimmtes Getränk, das es ihnen ermöglicht, die Astralebene nach Belieben zu betreten.

Sie vermischen die Asche eines Baumes, den man *Guarumo* nennt, mit den gemahlenen Blättern der *Cocapflanze*. Sie verabreichen dies, wenn der Mond zunimmt, und das verursacht die astrale Verdoppelung.

Die Piaches wissen ganz genau, dass Hod, die Astralwelt, vom Mond beherrscht wird. Viele Kabbalisten nehmen jedoch an, dass sie vom Merkur regiert wird, und sie täuschen sich.

Die Botschaften, die aus der Welt des reinen Geistes stammen, werden in der Astralebene symbolisch. Diese Symbole werden mithilfe des Gesetzes der philosophischen Analogie, des Gesetzes der Analogie der Gegensätze und des Gesetzes der Entsprechung und der Numerologie gedeutet.

Studieren Sie das Buch von Daniel und die biblischen Texte des Patriarchen Josef, des Sohnes von Jakob, um zu lernen, Ihre astralen Erfahrungen zu deuten.

Der rechtmäßige und authentische Astralkörper ist der solare Astralkörper. Man hat den Körper der Begierde, der lunarer Natur ist, Astralkörper genannt.

Alle Lebewesen der Natur sind lunar, sie besitzen einen lunaren Astralkörper, der ein kalter protoplasmatischer Körper ist, ein tierisches Überbleibsel der Vergangenheit. Wir müssen den authentischen Körper von Hod, den rechtmäßigen Astralkörper erschaffen, ein Vehikel solarer Natur.

Er muss in der neunten Sphäre durch die Arbeit in der feurigen Schmiede des Vulcanus hergestellt werden. Der Astralkörper ist ein

Körper aus Fleisch und Blut, der nicht von Adam kommt. Er ist ein Körper, der isst, verdaut und assimiliert. Es gibt verschiedene pseudo-esoterische und pseudo-okkultistische Autoren, die den Fehler begehen, den Astralkörper mit dem *Ego* zu verwechseln.

Die moderne metaphysische Literatur spricht viel über die Projektion des Astralkörpers; wir müssen jedoch den Mut haben, zu erkennen, dass die Enthusiasten des Okkultismus normalerweise das *Ego* projizieren, um durch Zeit und Raum in sublunare Regionen der Natur zu reisen.

Mit dem solaren Astralkörper können wir durch die Milchstraße zur Zentralsonne Sirius reisen. Es ist uns verboten, über die Milchstraße hinaus zu reisen, weil in anderen Galaxien andere Arten von kosmischen Gesetzen existieren, die den Bewohnern dieser Galaxie nicht bekannt sind.

Auf Sirius gibt es einen großen Tempel, dort erhalten die großen Meister dieser Galaxie eine Einweihung. Die Schüler des Gottes Sirius sind gnostische Rosenkreuzer. Das echte Rosenkreuzertum befindet sich in den höheren Welten.

Diese Schüler tragen den Heiligen Gral auf ihren Kapuzen. Sie zelebrieren auch das Drama des Christus, weil es ein kosmisches Drama ist. Unsere Schüler müssen die Macht, im Astralkörper zu reisen, erlangen. Diese Macht erreicht man, wenn man täglich eine Stunde lang das heilige Mantra *Egipto* singt.

Der Vokal „E“ bringt die Schilddrüse zum Vibrieren und verleiht dem Menschen die Macht des Hellhörens. Das „G“ erweckt das Chakra der Leber, und wenn sich dieses Chakra vollständig entwickelt hat, kann ein Mensch seinen Körper verlassen, wann immer er es wünscht.

Der Vokal „I“ in Verbindung mit dem Buchstaben „P“ entwickelt die Hellsichtigkeit im Menschen und die Macht, im Astralkörper durch das Fenster des Brahma, die Zirbeldrüse, den Körper zu verlassen. Der Buchstabe „T“ trifft auf den Vokal „O“, der eng mit dem Chakra des Herzens verbunden ist, und dadurch kann der Mensch die Macht erlangen, sich von diesem Plexus zu lösen und im Astralkörper zu reisen.

Die korrekte Aussprache dieses Mantras ist:

Eeeeeeeggggggggiiiiiiiptoooooooo.

Diejenigen, die bis jetzt nicht mit dem Astralkörper reisen können, mithilfe unserer Übungen, können es nicht, weil sie diese Macht nicht haben. Deshalb müssen sie sie erst erlangen, indem sie täglich eine Stunde das Mantram *Egipto* singen.

Dieses Mantram entwickelt vollständig alle Chakren, die mit der astralen Verdoppelung in Verbindung stehen, und so erwirbt der Schüler die Macht, mit dem Astralkörper zu reisen. Der Schüler wird fähig sein, seine physischen Körper willentlich zu verlassen und zurückzukehren.

Das ägyptische Mantram, das für die Astralreisen verwendet wird, ist: *Faraon*. Dieses Mantram wird in den Augenblicken des Übergangs zwischen Wachen und Schlaf gesungen, während man sich auf die die Pyramiden von Ägypten konzentriert.

Die richtige Aussprache dieses Mantrams lautet:

Faaaaaaaaa.... rrrrrrraaaaaa...... oooooonnnnnnn....

Dieses Mantram für die Astralprojektion wird, wie bereits erwähnt, im Zustand des Überganges zwischen Wachen und Schlaf gesungen, während man sich auf die Pyramiden von Ägypten konzentriert.

Aber die Schüler, die die Macht, im Astralkörper zu reisen, nicht haben, müssen sie zuerst erlangen, indem sie, wie gesagt, das Mantram *Egipto* täglich eine Stunde vokalisieren.

Jesod

Jesod ist der Vitalkörper oder ätherische Körper. Jesod ist das Fundament des dritten Logos, das Zentrum, in dem die sexuelle Kraft des dritten Logos ihren Sitz hat. Die sexuellen Kräfte, die Lebensquelle unserer Physiologie hat ihren Schwerpunkt in Jesod, hier ist der Heilige Geist. Wenn wir Jesod als Fundament betrachten, ist es offensichtlich, dass er sich in den Sexualorganen befindet.

Der Vitalkörper, das heißt, der Sitz der biologischen, physischen und chemischen Vorgänge, ist etwas anderes, das auf eine gewisse Weise von Jesod beeinflusst wird, aber auf jeden Fall sind Jesod die Sexualorgane. Die Düfte und Sandalen sind das Symbol von Jesod.

Das Geheimnis alle Geheimnisse liegt im rätselhaften Stein *Shemah Hamphorasch* der Hebräer. Das ist der philosophische Stein der Alchemisten. Das ist die Sexualität. Das ist die Sexualmagie, die Liebe. Gesegnet sei die Liebe.

Die Bibel erzählt, dass Jakob, als er aus seinem Traum erwachte, den Stein weihte, ihn mit Öl salbte und segnete. In Wirklichkeit begann Jakob von diesem Augenblick an, die Sexualmagie zu praktizieren. Später inkarnierte er seinen inneren Meister, sein wahres Sein; Jakob ist der Engel *Israel.*

Die alten Weisen verehrten die Sonne in der symbolischen Form des schwarzen Steines. Das ist der Stein des Heliogabalus. Der philosophische Stein ist das Fundament von Wissenschaft, Philosophie und Religion.

Der philosophische Stein ist quadratisch wie das himmlische Jerusalem des Heiligen Johannes. Auf einer seiner Seiten steht der Name Adam, auf der anderen Eva und Azoe, und INRI auf den beiden anderen Seiten. Der philosophische Stein ist sehr heilig.

Die Meister sind Söhne des Steines. Die Mysterien der Sexualität enthalten die Schlüssel zu allen Mächten. Jeder, der zur Welt kommt, ist ein Sohn der Sexualität. Jesus sprach zu Petrus: *Und ich sage dir auch, du bist Petrus und auf diesen Felsen will ich bauen meine Kirche und die Pforten der Hölle sollen sie nicht überwältigen.* (Matthäus16:18).

Niemand kann den Christus inkarnieren, ohne den Tempel auf dem lebendigen Fels (die Sexualität) gebaut zu haben.

Wir müssen die sieben Säulen des Tempels der Weisheit erheben. Auf jeder der sieben Säulen des Tempels steht in Buchstaben aus Feuer das Wort INRI (Ignis Natura Renovatur Integra) geschrieben.

Und er sandte Petrus (dessen Evangelium die Sexualität ist) *und Johannes* (dessen Evangelium das Wort ist), *gehet und bereitet das Osterlamm, damit wir essen können.* (Lukas. 22:8).

Der geheime Name von Petrus ist Patar, mit seinen drei Konsonanten, die in der hohen Esoterik die Wurzeln P.T.R. sind. Das „P“ soll uns an den Vater (lat. Pater), der im Verborgenen ist, erinnern, an den Alten der Tage der hebräischen Kabbala, an den Vater der Götter, an unsere Väter oder „Phitaras“.

Das „T“ oder Tau ist der Kreuz-Buchstabe, wohlbekannt im Yoga der Sexualität. Es ist der göttliche Hermaphrodit, Mann und Frau vereint im Sexualakt. Der Buchstabe „R“ ist der wichtigste Buchstabe in INRI, er ist das heilige Feuer und sehr göttlich, er ist das ägyptische Ra.

Petrus, der Schüler von Jesus, dem Christus, ist Aladdin, der wunderbare Darsteller, der berechtigt ist, den Stein, der das Heiligtum der großen Mysterien verschließt, zu entfernen.

Es ist unmöglich den Stein anzuheben, wenn wir ihn nicht zuvor mit Meißel und Hammer in die Form eines Würfels gebracht haben. Petrus, Patar, der Erleuchter, ist der Meister der Sexualmagie, der gütige Meister, der uns immer am Eingang des schrecklichen Weges erwartet.

Petrus stirbt gekreuzigt an einem umgekehrten Kreuz, mit dem Kopf nach unten und den Füßen nach oben, als ob er uns aufzufordern würde, in die neunte Sphäre hinabzusteigen, um mit Feuer und Wasser zu arbeiten, die der Ursprung der Welten, Bestien, Menschen und Götter sind.

Jede authentische weiße Einweihung beginnt hier. Die Lehre von Petrus ist die Lehre der Sexualität, die östliche Wissenschaft der Maithuna, die Sexualmagie, der lebendige Stein, der Felsen; der Fels ist die Sexualität, auf dem wir den inneren Tempel für den inneren Christus, unseren Herrn, errichten müssen.

Petrus sagte: *Sehet, ich lege in Zion den wichtigen Eckstein, und wer an mich glaubet, soll nicht irregehen. Euch nun, die ihr glaubet, ist er kostbar; der Ungläubigen aber ist er der Stein, den die Bauleute verworfen haben, der, der zum Eckstein gemacht wurde, und ein Stein des Anstoßes, ein Fels des Ärgernisses.* (Erster Brief des Petrus 2:6-8).

Jesus der Christus sagte: *Darum, wer diese meine Rede hört und tut sie, den nenne ich einen weisen Mann, der sein Haus auf einen Fels* (die Sexualität) *gebaut hat.*

Und als der Regen fiel und das Hochwasser kam und die Winde stießen an das Haus, so fiel es nicht, es war auf einem Fels (die Sexualität) *gebaut.*

Und wer diese meine Rede hört und tut sie nicht, der ist einem törichten Manne gleich, der sein Haus auf Sand baut. (Alle Arten von Theorien, alle Arten von Praktiken mit der gänzlichen Zurückweisung der Maithuna oder der sexuellen Magie)

Und der Regen fiel und das Hochwasser kam und die Winde stießen an das Haus; und es fiel, und groß war sein Fall (es fiel in den Abgrund). (Matthäus, 7:24-27).

Millionen von Menschen auf der Welt bauen auf Sand und verabscheuen die Sexualmagie. Sie wollen nicht auf den Fels, auf den Stein bauen, sie bauen auf den Sand ihrer Theorien, Schulen, usw. und glauben, dass sie das Richtige tun. Diese bedauernswerten Menschen werden in den Abgrund stürzen, obwohl sie aufrichtig sind und gute Absichten haben.

Ohne die Lehre des Petrus ist die zweite Geburt unmöglich. Wir Gnostiker studieren die Lehre des Petrus. Die Infrasexuellen und Entarteten hassen die Lehre des Petrus tödlich.

Viele der aufrichtig Irrenden glauben an die Selbstverwirklichung ohne die Sexualität. Es gibt viele, die gegen die Sexualität sprechen, die die Sexualität beleidigen, die ihr verleumderisches Geschwätz im Heiligtum des dritten Logos verbreiten. Diejenigen, die die Sexualität verabscheuen, die sagen, dass sie ekelerregend, schmutzig, tierisch und bestialisch ist, lästern wider den Heiligen Geist.

Fliehet die Hurerei (den Samen vergießen). *Alle Sünden, die der Mensch tut, sind außer seinem Leibe; wer aber hurt, der sündigt am eigenen Leibe.* (1. Korinther 6:18).

Darum segne ich euch: Alle Sünde und Lästerung wird dem Menschen vergeben, aber die Lästerung wider den Heiligen Geist wird dem Menschen weder in dieser noch in der zukünftigen Welt vergeben. (Matthäus 12:31-32; Markus 3:28-29)

Denn so wir mutwillig sündigen, nachdem wir die Erkenntnis der Wahrheit empfangen haben, bleibt uns kein Opfer mehr für die Sünden. (Hebräer 10:26-31).

Wer sich gegen die Sexualmagie stellt, wer seine Niedertracht im Heiligtum des dritten Logos verbreitet, wird die zweite Geburt nie erreichen. In der westlichen Welt gibt es viele Menschen, die die Sexualität tödlich hassen; diese Personen rechtfertigen ihren absurden Hass mit vielen Ausreden. Sie sagen, dass die Maithuna angeblich nur für die Orientalen sei, und wir aus dem Westen nicht dafür geeignet wären.

Diese Leute erklären, dass das einzige Ergebnis, das diese Lehre des sexuellen Yoga hervorbringen kann, eine Ernte von Schwarzmagiern ist.

Das Interessante an all dem ist, dass eine solch reaktionäre, konservative, rückschrittliche und rückständige Art von Menschen kein einziges Wort gegen die Unzucht, gegen den Ehebruch, gegen Prostitution, gegen Homosexualität und Masturbation, usw. sagt.

All das scheint ihnen die normalste Sache zu sein und sie haben nichts gegen den erbärmlichen Verlust der sexuellen Energie. Die Sexualität sollte die allerhöchste schöpferische Aufgabe sein.

Unglücklicherweise herrscht die Unwissenheit und die Menschheit ist weit davon entfernt, die großen Mysterien der Sexualität zu verstehen. Wenn wir das Buch des Himmels, den wunderbaren Tierkreis studieren, können wir erkennen, dass das neue Wassermannzeitalter vom Zeichen des Wassermanns, dem Wasserträger, regiert wird.

Das Symbol des Wassermanns ist eine Frau mir zwei Krügen, die mit Wasser gefüllt sind; sie versucht, die Wasser der Krüge weise zu vermischen (siehe Arkanum 14).

Dieses Symbol weist uns auf die Alchemie hin. Während im Fischzeitalter der Mensch nur ein Sklave seines sexuellen Instinktes war, symbolisiert durch die zwei Fische in den Wassern des Lebens, muss er im Wassermannzeitalter lernen, seine sexuellen Kräfte umzuwandeln.

Das Wassermannzeitalter wird von Uranus (Ur = Feuer, Anas = Wasser) regiert, dem Planeten, der die sexuellen Funktionen steuert.

Es ist unangemessen und absurd, dass einige vereinzelte Individuen und gewisse pseudo-esoterische Schulen Maithuna ablehnen, und dennoch für sich in Anspruch nehmen, das neue Zeitalter einzuleiten. Uranus ist zu hundert Prozent sexuell und im neuen Zeitalter, das von diesem Planeten regiert wird, muss der Mensch die Mysterien der Sexualität gründlich kennen.

Es gibt eine Vielzahl von Schulen der schwarzen Magie; viele von ihnen mit überaus ehrwürdigen Traditionen, die die Sexualmagie mit Vergießen des Samens lehren. Sie haben die schönsten Theorien, die locken und faszinieren, und wenn der Schüler auf diese verführerische und reizvolle Täuschung hereinfällt, verwandelt er sich zu einem schwarzen Magier.

Diese schwarzen Schulen verkünden nach allen vier Himmelsrichtungen, dass sie „weiß" sind und deshalb fallen die Arglosen. Außerdem sprechen diese Schulen wunderschön von der Liebe, von der Nächstenliebe, von der Weisheit, usw. Normalerweise kommt der naive Schüler unter diesen Umständen zu der festen Überzeugung, dass nichts Schlechtes oder Widernatürliches an solchen Einrichtungen ist.

Erinnere dich, guter Schüler, dass der Abgrund voll von aufrichtig Irrenden und Menschen mit sehr guten Absichten ist. Die Maithuna abzulehnen bedeutet, sich gegen das Zeichen des Wassermanns, beherrscht von Uranus, dem König der Sexualität, zu stellen. Die geheime Lehre des Retters der Welt, die christliche Esoterik ist den unwissenden Unzüchtigen des reaktionären Pseudo-Okkultismus vollkommen unbekannt.

Die reaktionären Pseudo-Esoteriker und Pseudo-Okkultisten wissen nicht, dass die ursprünglichen gnostischen Christen die Maithuna praktizierten.

Die Sexualmagie wurde in allen alten Mysterienschulen des Westens gelehrt. Die Maithuna war bekannt als Teil der Mysterien der Templer, der Mysterien der Azteken, Mayas, Inkas, Chibchas, der Zapoteken, Araucanianer, Tolteken, der Mysterien von Eleusis, der Mysterien von Rom, von Mithras, Karthago, Tyre, der Mysterien der Kelten, Phönizier, Ägypter, Druiden und allen ursprünglichen christlichen Gruppen, wie die Gruppe der Essener, die ihr Kloster an den Ufern des Toten Meeres hatte. Eines ihrer erhabensten Mitglieder war Jesus, der göttliche Rabbi von Galiläa.

Die Maithuna, die Sexualmagie, ist universell, sie ist bekannt in den Mysterien des Nordens und des Südens, des Ostens und des Westens unserer Welt; aber die unzüchtigen, rückständigen, reaktionären Pseudo-Okkultisten lehnen sie vehement ab.

Der Grundstein jeder authentischen und rechtmäßigen Mysterienschule ist die Maithuna, das Arkanum A.Z.F. oder die Sexualmagie.

Malkuth

Malkuth ist der physische Körper, die physische Welt. Es ist sehr wichtig, daran zu denken, dass der Vitalkörper nichts anderes ist als der höhere Teil des physischen Körpers. Diejenigen, die dieses Konzept nicht akzeptieren, denken, dass der physische Körper und der Vitalkörper zwei getrennte Körper sind, und beschreiben eine irrtümliche Ordnung.

Malkuth ist das Königreich und *Changam* ist der Herrscher, der Genius der Erde. Jeder Planet bringt sieben Rassen hervor. Unser Planet hat fünf hervorgebracht; somit werden noch zwei kommen.

Nach den sieben Rassen wird unsere Erde, verwandelt durch große Katastrophen, nach Millionen von Jahren zu einem neuen Mond werden. Alles involutive und evolutive Leben auf der Erde kam vom Mond.

Als das gesamte Leben den Mond verließ, starb dieser und wurde zu einer Wüste. Es gab sieben Rassen auf dem Mond. Die lunare Seele, das lunare Leben involutioniert und evolutioniert jetzt auf der Erde.

Auf diese Weise reinkarnieren die Welten. Die Götter der Natur hatten haben viel gearbeitet, um selbstbewusste Wesen zu erschaffen. Die Götter mussten schwierige Experimente im Laboratorium der Natur durchführen.

Aus diesen Reagenzgläsern des großen Laboratoriums entstanden die verschiedenen Arten der Tiere; einige um Material zu erschaffen für die Schöpfung des Menschen, andere waren Überbleibsel von halbmenschlichen Wesen und wieder andere menschliche Misserfolge.

Tatsächlich sind alle lebenden Spezies, mit Ausnahme von ein paar wenigen, der lebende Abfall des menschlichen Königreichs. All diese Tiere dieses Königreichs von Malkuth charakterisieren einen Aspekt des Menschen.

Alle Tiere sind wirkliche Karikaturen des menschlichen Wesens. Es ist jedoch gut zu wissen, dass der Kampf der Götter, den Menschen zu erschaffen, noch nicht zu Ende ist.

Das menschliche Wesen oder der sogenannte Mensch muss sich von vielem befreien, damit er nicht in den zoologischen Gärten der Zukunft endet.

Wir müssen begreifen, dass das Wahre das Sein ist, der Innerste, der Geist. Aber es gibt in uns einen Faktor der Zwietracht, das ist das *Ich*, das *Ego*, das *Mich selbst*.

Es ist interessant zu erkennen, dass das *Ich* vielfältig ist. Das *Ich* besteht aus vielen Ichs, die untereinander streiten, und die um die Kontrolle der menschlichen Persönlichkeit kämpfen. Diese *Ichs* sind drei, sind sieben und sind Legion.

Die drei Wichtigsten sind: der Dämon der Begierde, der Dämon des Verstandes und der Dämon des schlechten Willens. Die Sieben sind die sieben Todsünden: Zorn, Habgier, Lüsternheit, Neid, Stolz, Faulheit und Gefräßigkeit.

Die Legion besteht aus all den Tausenden von sekundären Sünden. Die Drei, die Sieben und die Legion sind kleine *Ichs*, tierische Elementare, die vom Verstand erzeugt werden. Diese tierischen Elementare sind die Feinde, die in unserem eigenen Haus leben. Diese tierischen Elementare leben im Königreich unserer Seele und ernähren sich von den minderwertigen Substanzen unserer niederen animalischen Abgründe.

Das Wichtigste ist, dass diese tierischen Elementare einen Teil unseres Bewusstseins gestohlen haben. Die folgenden Äußerungen bestätigen dies: ich bin hungrig, ich begehre, ich wünsche, ich bin neidisch, usw.

Das wahre Sein ist der Geist, aber er ist noch nicht eingetreten in den Menschen, weil das *Ich* in das Königreich der Seele eingefallen ist. Tatsächlich hat sich weder die Seele noch der Geist im Menschen inkarniert. Der Mensch, der sogenannte Mensch, ist nur eine Möglichkeit.

Der wahre Mensch ist noch im Prozess der Entstehung. Viele Exemplare der heutigen menschlichen Rassen werden in den zoologischen Gärten der Zukunft sein.

Viel von dem, was wir an Tierischem in uns haben muss abgelegt werden, um den menschlichen Zustand wirklich zu erreichen. Wenn wir all unsere Sünden eliminieren, wird das *Ich* sich auflösen.

Wenn das *Ich* sich auflöst, inkarnieren sich die Seele und der Geist im Menschen, dann sind wir wirklich Menschen im wahrsten Sinn des Wortes.

Wenn der Tod kommt, ist das Einzige, das fortbesteht das *Ich*, die Legion der *Ichs*. Das *Ego* oder *Ich* kehrt zurück, um seine Wünsche zu befriedigen. Der Tod ist die Rückkehr zur Empfängnis. Das ist das Rad von Arkanum Nummer 10.

Der wahre Mensch, der Seele und Geist inkarniert hat, lebt nach seinem Tod vollkommen erwacht in seinem Astralkörper.

Er hat Freude an den inneren Welten des Bewusstseins und der objektiven Wahrnehmung.

Das Phantom jener, die weder das *Ich* aufgelöst haben, noch die Seele und den Geist inkarniert haben, leben in den inneren Welten mit schlafendem Bewusstsein. Sie haben nur ein subjektives Bewusstsein und eine subjektive Wahrnehmung.

Die physische Welt ist das Tal der Tränen, das Reich von Malkuth, das Reich von Samsara.

Das Rad des Samsara dreht sich unaufhörlich, das *Ego* kommt und geht, stirbt und kehrt zurück; ständig leidend, ständig suchend, ohne zu finden.

Das Arkanum 10, das Rad der Vergütung ist schrecklich, und jeder ist ein Sklave des verhängnisvollen Rades der Jahrhunderte.

Wer sich vom verhängnisvollen Rad des Samsara befreien will, muss das *Ich* auflösen und seine Seele inkarnieren.

Diese Arbeit ist sehr schwierig und es gibt wenige, die es erreichen.

Das Reich von Malkuth ist wirklich ein schrecklicher Filter.

Was im Filter zurückbleibt ist das Gewöhnliche und Durchschnittliche, und das wird vom Abgrund verschluckt.

Das Gold, das Auserlesene, der wahre Mensch, der Engel ist das Ziel und der Kampf ist wirklich fürchterlich. Die Natur ist unerbittlich und die Geburt eines Menschen-Engels kostet Tausende, oder besser gesagt, Millionen von Opfern. *Viele sind berufen, wenige werden erwählt.*

Christus sagte: *Von den Tausenden, die mich suchen, findet mich einer; von den Tausenden, die mich finden, folgt mir einer; von den Tausenden, die mir folgen, gehört einer mir.*

Krishna sagte: *Von Tausenden von Menschen unternimmt vielleicht einer die Anstrengung, die Vollkommenheit zu erlangen; und von den Tausenden, die sich anstrengen, kennt mich einer wirklich.*

Das ist die Tragödie des Arkanums Nummer 10 der Kabbala. Die Symbole der Sephira Malkuth sind: die zwei Altäre, das gleicharmige Kreuz, der magische Kreis, das Dreieck der magischen Kunst. Malkuth steht in Verbindung mit den Füßen und dem After.

Die Kliphen

Es wurde bereits erwähnt, dass es in Wirklichkeit zwölf Sephiroth gibt, Ain Soph Aur ist die elfte Sephira, Ain Soph ist die zwölfte und ihr Gegensatz, ihr verhängnisvoller Schatten, ist der Abgrund, die Kliphen der Kabbala. Ain Soph ist die zwölfte Sephira.

Unterhalb von Malkuth, der physischen Welt, liegen die Kliphen, das sind die infernalischen Welten. Das Wort „Inferno“ kommt aus dem lateinischen *infernus*, was niedere Region bedeutet.

In jedem Planeten gibt es das niedere Mineralreich mit seinen eigenen atomaren Höllen. Letztere findet man im Inneren jeder planetarischen Masse, in den Infradimensionen der Natur, unterhalb des dreidimensionalen Bereichs von Euklid.

Der Abgrund ist der Avitchi der Hindus, die nordische Eishölle, die chinesische Hölle mit all ihren gelben Qualen, die buddhistische Hölle, die mohammedanische Hölle, das ägyptische Amenti, der finstere Tartarus, der Avernus, usw.

Diese unterschiedlichen überlieferten Höllen versinnbildlichen auf eindeutige Weise das niedere Mineralreich. Jeder hat schon von Spiritismus, von den Hexensabbaten gehört. Manche halten das für etwas Absonderliches, andere für Geschichten, über die man lächelt.

Aber die raue Wirklichkeit ist, dass die mittelalterlichen Hexensabbate und die berühmten Hexen der Mitternacht realer waren, als wir denken. Diese Hexen (der genaue akademische lateinamerikanische Ausdruck ist *Calchonas*) gehören eindeutig zur Welt der Kliphen.

Ihre Anführerin war *Maria de la Antilla*, die so oft in den mittelalterlichen Klöstern erwähnt wurde. Jene Hexen der altertümlichen Hexensabbate nannten sie *Santa Maria.*

Ich stellte Nachforschungen über dieses absonderliche Wesen in der Welt der Kliphen an, darüber, wie es ihr möglich war, ihr Leben mit so vielen Schwarzmagiern zu verbringen, darüber, wie es ihr möglich war, an so vielen Hexensabbaten anwesend zu sein. Niemals sah ich in ihr jedoch etwas, das man als Bösartigkeit bezeichnen kann. Die Finsteren der linken Hand, die sublunaren Kreaturen verehrten sie und betrachteten diese Magierin nicht als etwas Finsteres, sondern als eine Heilige. Ich wollte wissen, was daran wahr ist; die vermeintliche Heiligkeit einer Kreatur, die sich mit der Finsternis verband, die in so vielen Hexensabbaten und Klöstern des Mittelalters erwähnt wird.

Wer von denen, die sich mit dem Studium der Ereignisse der mittelalterlichen hohen und niederen Magie befasst haben, hat nicht schon den Namen von *Maria de la Antilla* gehört? Es gibt so viele Geheimnisse, verborgen im Staub vieler Bibliotheken.

Ich musste das klären und ich tat es! Und ich klärte es, indem ich im Reich von Tiphereth dieses Wesen anrief.

Ich wurde erhört und zu meiner Überraschung traf ich eine selbstverwirklichte Meisterin. Da verstand ich, dass sie ihren Bodhisattwa ausgesandt hatte, und dieser lernte die Praxis der Magie im magischen Dreieck oder dem dritten Dreieck und er durchlief eine harte Ausbildung, angefangen bei den Kliphen, ohne aber jemandem Schaden zuzufügen.

Danach kontaktierte ich ihren Bodhisattwa, *Maria de la Antilla* und als ich sie einlud, die Welt des Nirvana zu besuchen, nahm sie meine Einladung mit Freuden an.

Als sie mit ihrem wahren Sein, ihrem Inneren Meister vereint war, erkannte ich, dass es sich um ein Wesen handelte, das Vollkommenheit in der hohen Magie erreicht hatte.

Obwohl sie in der Welt der Kliphen lebte, tat sie das, um sich psychologisch zu bilden und zu üben, indem sie gewaltige Kräfte anwendete, aber ohne Böses zu tun.

Das wahre Sein dieses Wesens ist sehr angenehm, man erkennt, dass es ein außergewöhnlicher weißer Magier ist, weil er die Königreiche des Lichtes, die Welt von Malkuth und die Welt der Kliphen zutiefst kennt.

Das dritte Dreieck ist das der praktischen Magie, und das ist eine Arbeit, die man verstehen muss, weil Vorurteile abgelegt werden müssen, um in der Welt der Kliphen arbeiten zu können.

Das Gegenteil der Sephiroth sind die Kliphen; hier sind die Dämonen, die verdammten Seelen, die Leidenden, diejenigen, die ihren Kreislauf der Leben bereits aufgebraucht haben und nun im Prozess der Involution sind, die gefallenen Engel, die Finsteren des lunaren Weges, die schwarze Loge und alle Adepten der linken Hand, die Handlanger

Luzifers und Ahrimans, die Anhänger der Dugpas, die Feinde des vierten Weges, die Nikolaiten und die tantrischen Anagariker.

Im Reich der Kliphen leben zweifellos auch diejenigen, die sich in der höheren Magie entwickeln. Die Kliphen sind die umgekehrten Sephiroth, die Sephiroth in ihrem negativen Aspekt, die umgekehrten Tugenden.

Die Eigenschaften von Geburah zum Beispiel sind die Strenge, das Gesetz und das Gegenteil ist die Tyrannei, die Diktatur. Eine Prostituierte gibt sich den Männern oft aus Nächstenliebe hin, hier sehen wir das Gegenteil der Sephiroth. Die Nächstenliebe von Chesed kann, ins Gegenteil verkehrt, das Gefallen am Verbrechen sein.

Im Organ Kundartiguador befinden sich die Kliphen de Kabbala, in Malkuth, der physischen Welt, im Inneren der Erde.

Daath, das tantrische Wissen

Einige Kabbalisten behaupten, dass Binah, der Heilige Geist, weiblich ist, eine solche Aussage ist falsch. In der göttlichen Komödie wird der Heilige Geist eindeutig als Ehemann der göttlichen Mutter dargestellt.

Der Heilige Geist entfaltet sich seinerseits in seine Gattin, die Shakti der Hindus. Das muss man zu verstehen wissen. Viele dachten, dass der Heilige Geist weiblich ist, weil sie verstanden, dass sich der Dritte Logos in die heilige Mutter Kundalini oder Shakti entfaltet, die viele Namen hat; sie haben sich geirrt.

Er ist männlich, aber indem er sich in Sie entfaltet, entsteht das erste unaussprechlich göttliche Paar, der Schöpfer-Elohim, der Kabir oder große Priester, der Ruach Elohim, der, wie Moses sagte, die Wasser am Anfang der Welt reinigte.

Die hebräischen Kabbalisten sprechen vom geheimnisvollen Daath, das im Baum des Lebens erscheint, dem weder ein göttlicher Name, noch eine Art von Engelschar, noch ein weltliches Symbol, oder ein Planet oder Element zugeordnet wurde.

Daath, die Sephira des hebräischen Mysteriums wird durch die esoterische Verbindung von Shiva-Shakti, Osiris-Isis gebildet, die ewig in Jesod, dem Fundament (der neunten Sephira, der neunten Sphäre, der Sexualität) vereint sind; aber sie bleiben verborgen durch das Mysterium von Daath, das das tantrische Wissen enthält.

Dieses Wissen wird umgesetzt durch Sahaja Maithuna oder die Sexualmagie, die uns bei korrekter Anwendung die innere Selbstverwirklichung des Seins ermöglicht.

Es ist notwendig, dass wir über all das tief nachdenken, dass wir es zutiefst verstehen. Er und Sie sind vereint im kubischen Stein von Jesod, der Sexualität.

Aus der Vereinigung von Ihm und Ihr entsteht das vollkommene tantrische Wissen, mit dem man sich auf allen Niveaus des Seins innerlich selbstverwirklichen kann. Einige kabbalistische Autoren nehmen an, dass Daath, die Sephira, die Weisheit und Wissen gibt, aus der Verschmelzung von Chokmah, dem männlichen kosmischen Christus mit Binah, das sie als ausschließlich weiblich betrachten, entsteht. Diese Erklärung ist falsch, weil der Heilige Geist in Wirklichkeit männlich ist, nur indem Er sich in die heilige Mutter entfaltet, entsteht das vollkommene Paar.

Das tantrische Wissen, die tantrische Einweihung entsteht im kubischen Stein von Jesod in der neunten Sphäre. Mithilfe des Tantras ist es möglich, die Schlange entlang der Wirbelsäule zu entwickeln. Bei diesen Studien der Kabbala müssen wir praktisch sein.

Es gibt Autoren, die wundervolle Dinge schreiben, aber wenn man sie sieht, bemerkt man, dass sie nicht gelebt haben, was sie geschrieben haben, dass sie keine eigenen Erfahrungen haben, und deshalb machen sie Fehler.

Ich meine, dass man über das schreiben soll, was man selbst erfahren hat; ich für meinen Teil bin so vorgegangen. Der kubische Stein von Jesod, der sich in den schöpferischen Organen befindet, ist eindeutig jene metallische Seele, die aus den sexuellen Transmutationen entsteht. Wir können sie als das Quecksilber der geheimen Philosophie oder einfacher ausgedrückt, als schöpferische Energie bezeichnen.

Diese Energie wird durch den Teufel dargestellt oder symbolisiert. Wenn wir sagen, dass wir mit dem Teufel arbeiten müssen, so meinen wir damit, dass wir ihn in Luzifer, den Lichtbringer verwandeln müssen.

Wir beziehen uns auf die Arbeit am großen Werk. Es ist interessant, dass es im kubischen Stein von Jesod ist, wo Shiva und Shakti, Osiris und Isis sich sexuell vereinen, und genau dort befindet sich das tantrische Wissen, ohne das es unmöglich ist, die innere Selbstverwirklichung des Seins zu erreichen.

Im orientalischen Tibet sind die Mönche radikal, deshalb hielt H. P. Blavatsky sie für schwarze Magier. Wir haben alle diesen Fehler wiederholt, und wir halten es für nötig, ihn zu korrigieren. Ich behaupte nicht, dass die Dugpas Heilige oder sanfte Lämmer sind; sie sind schwarze Magier, weil sie schwarzen Tantrismus lehren.

Die Bons aber sind, obwohl sie die rote Mütze tragen, nicht schwarz, wie es Blavatsky fälschlicherweise annahm. Wenn ein Bon keine Selbstverwirklichung anstrebt, sondern sich für eine Zeit befreien möchte, um später, zum Beispiel in die sechste Hauptrasse zurückzukehren, oder sich nie selbstverwirklichen will, sondern sich ohne Selbstverwirklichung befreien möchte, dann wird er das erreichen.

Zuerst wurde der Neophyt an einen abgesonderten Platz gebracht und alle unmenschlichen Elemente, die er hat, wurden angerufen. Dies geschieht mithilfe der hohen Magie und in der Abgeschiedenheit der Berge machen diese Elemente sich sichtbar und berührbar und versuchen den Neophyten zu verschlingen. Wenn er aber gelassen bleibt, gibt es nichts mehr zu tun, er hat triumphiert. Dann muss er das *Ego* vernichten, es in Asche verwandeln, und an sich arbeiten.

Die Prüfung und größte Anstrengungen des Neophyten in der physischen Welt bestehen aus einem bestimmten Mantram der Desinkarnation, das aus zwei Worten besteht. Es ist haarsträubend, den Bonpriester zu sehen, der in seinen weißen Umhang voller Schädel gekleidet ist, mit den Knochen der Toten und auf dem Kopf einen roten Turban und in seiner rechten Hand einen Dolch.

Im selben Augenblick, in dem der Schüler seine zwei verhängnisvollen Mantrams ausspricht, stirbt sein Körper und er wird großen Prüfungen in den inneren Welten unterzogen.

Er muss sich der Furcht vor dem Tod stellen, er muss den Hurrikan des Karmas aushalten, er muss alle Prüfungen bestehen, die der Vater oder die Mutter ihm stellen. Das Ziel ist, in eines der Königreiche der Devas zu gelangen, oder besser gesagt, dort in übermenschlicher Form wiedergeboren zu werden, sei es in das Königreich der großen Konzentration oder das der langen Haare oder des Maitreya oder der höchsten Glückseligkeit, usw.

In dieser Region wird er seine Vorbereitung für die Befreiung abschließen. Die göttliche Mutter hilft ihm, seine unmenschlichen Elemente zu vernichten und schließlich im Schoß der großen Wahrheit zu versinken, nicht als selbstverwirklichter Meister, sondern als Elemental-Buddha.

Er bleibt in diesem Zustand versunken bis zur sechsten Hauptrasse, mit der Absicht, sich dort selbstzuverwirklichen; oder er kann für immer ein Elemental-Buddha bleiben und nichts weiter, aber glücklich. Die, die sich selbst befreien, die sich selbstverwirklichen wollen, die sich wirklich in einen Mahatma oder Hierophant verwandeln wollen, müssen sich der tantrischen Disziplin unterwerfen und in der neunten Sphäre arbeiten.

Man wird sie den gesamten Tantrismus lehren, man wird sie lehren, wie man die Schlange erweckt, wie man sie die Wirbelsäule aufsteigen lässt, wie man die Chakren öffnet, usw.

Deshalb sind die Bon radikal, entweder sie streben das Sein an oder sie streben das Sein nicht an. Sie arbeiten für die Selbstverwirklichung oder sie entscheiden sich dafür, ohne Selbstverwirklichung zu bleiben; sie müssen sich auf den einen oder den anderen Weg festlegen. Dort ist alles drastisch, aus diesem Grund hielt H. P. Blavatsky sie für schwarze Magier.

Wenn man jedoch den Tantrismus der Bons untersucht, stellt man fest, dass er weiß ist, nicht schwarz, sondern weiß. Sie verwandeln den Samen in Energie, um die vollkommene Selbstverwirklichung zu erlangen.

Jesod ist lunar, das können wir nicht bestreiten. In der gnostischen Esoterik sieht man eine Frau, eine göttliche, unaussprechliche Jungfrau, die in eine blaue Tunika gekleidet ist und auf einem Mond steht.

Man muss das zu verstehen wissen; der Mond stellt die Sephira Jesod dar, die die sexuelle Energie symbolisiert und die blaue Tunika repräsentiert die Nacht, in der sich die großen Mysterien von Leben und Tod entwickeln. Nur in der Nacht arbeitet man mit der schöpferischen Energie des dritten Logos.

Die Arbeit im Laboratorium des Heiligen Geistes muss in den Nachtstunden getan werden. Die Sahaja Maithuna darf nur in der Dunkelheit der Nacht ausgeübt werden, weil während des Tages die Sonne die Entwicklung verhindert.

Wenn man eine Henne mit ihren Eiern ins Sonnenlicht bringt, dann wird sie diese Eier nicht ausbrüten, und falls ein Küken ausschlüpft, wird es sterben, weil die Sonne der Feind der Erzeugung ist. Wer das Licht sucht, muss den Logos darum bitten, der jenseits der Sonne ist, die uns erleuchtet, in der tiefen Nacht.

Es ist die raue Wirklichkeit, dass aufgrund der Lage der Zeugungsorgane die Zeugung in tiefer Finsternis stattfindet. Denn, wenn das Spermium die Sexualdrüsen verlässt, geschieht das nicht im Licht der Sonne, sondern in der Finsternis; und in der Finsternis dringt es in den Eileiter ein, um sich mit dem Ei zu vereinen, das aus den Eierstöcken herabkommt und die Schwangerschaft findet in der Finsternis der

Gebärmutter statt. Wenn dieses Spermium die Sexualdrüsen nicht durch die Finsternis geschützt verlassen würde, sondern an das Sonnenlicht gelangen würde und der Fötus nicht in Finsternis wäre, sondern ungeschützt in der Gebärmutter der Frau, dem direkten Sonnenlicht ausgesetzt, dann wäre ein Scheitern unvermeidlich.

Wegen der Lage der Organe in unserem Körper findet die Befruchtung immer in der Dunkelheit statt. Deshalb muss man auch in der Dunkelheit des Schweigens und mit der erhabenen Geheimhaltung der Weisen arbeiten, um eines Tages die innere Selbstverwirklichung des Seins zu erreichen.

Darauf weist uns die Jungfrau der Unbefleckten Empfängnis, die in die blaue Tunika gekleidet ist und auf dem Mond steht, hin: die Arbeit der Maithuna in der Dunkelheit der Nacht. Wir müssen auch davor warnen, dass man nie zweimal in derselben Nacht praktizieren darf.

Es ist nur einmal am Tag erlaubt. Es ist ein Vergehen gegen die Natur, wenn man die Sexualmagie zweimal in Folge praktiziert; es werden die Gesetze der magnetischen Pause verletzt. Es ist wichtig, zu verstehen, dass die Gattin niemals während einer Krankheit, der Menstruation oder während der Schwangerschaft gezwungen werden sollte, Maithuna auszuüben, weil das ein Vergehen gegen die Natur ist.

Eine Frau, die ein Kind geboren hat, kann erst vierzig Tage nach der Geburt wieder mit der Ausübung der Maithuna beginnen.

Es ist ebenfalls ein Vergehen gegen die Natur, wenn der Mann oder die Frau den Partner zum Sexualakt zwingt, wenn der Organismus des Ehemannes oder der Ehefrau nicht im entsprechenden Zustand ist.

Es ist auch ein Vergehen, wenn der Mann oder die Frau, sich selbst zum Geschlechtsakt zwingt, unter dem Vorwand Sexualmagie zu praktizieren, selbst mit der guten Absicht, sich selbstzuverwirklichen, wenn die Zeugungsorgane sich nicht in liebevoller Stimmung und in harmonischen Bedingungen befinden, die unerlässlich für den Geschlechtsakt sind.

Die Einweihung von Thipheret

In Tiphereth geschehen außerordentliche Ereignisse, ein Eingeweihter kann die Einweihung von Malkuth, von Jesod, von Hod, von Netzach und schließlich die Fünfte, die von Tipheret erlangen, um sich in einen Meister zu verwandeln.

Man kann jedoch die fünfte Einweihung der menschlichen Seele erlangen und dadurch zum Meister werden und dennoch die Einweihung von Tiphereth nicht bekommen. Die Einweihung von Tipheret kommt nach der fünften Einweihung des Feuers.

Wer die fünfte Einweihung erhält, hat nicht immer das Glück, die Einweihung von Tiphereth zu erhalten; das ist eine sehr geheime Einweihung. Diejenigen, die den direkten Weg gehen, erhalten sie. Im zweiten Dreieck des Baumes des Lebens hat der kosmische Christus seinen Schwerpunkt in Tiphereth; hier manifestiert er sich.

Es gibt Dinge, die es verdienen, analysiert und verstanden zu werden. Damit der zweite Logos, Vishnu oder der kosmische Christus, in der Lage ist, einen Menschen zu retten, muss er zum persönlichen, inneren Jesus Christus werden.

Der Christus an sich ist eine kosmische Kraft; nur wenn diese Kraft irgendwie menschlich wird, kann sie einen Menschen retten. Das Gesetz des solaren Logos, des kosmischen Christus, ist das Opfer für die Menschheit.

Er opfert sich selbst seit der Morgendämmerung des Lebens, indem er in allen Welten gekreuzigt wird, auf jedem neuen Planeten, der entsteht, damit alle Wesen Leben in Fülle haben.

Nur nachdem wir die fünf Einweihungen der großen Mysterien erhalten und uns zuvor für die Menschheit geopfert haben, und durch eine ganz besondere Gnade kann der Christus in uns reinkarnieren. Um zu verstehen, wie diese kosmische Kraft in uns Mensch wird, muss man lernen, die Trimurtis zu verstehen.

Für einige Brüder ist es äußerst schwierig, diese Frage der Trimurtis zu verstehen; sie sind zum Beispiel daran gewöhnt, an den ersten, zweiten und den dritten Logos zu denken; das heißt, den Vater, den Sohn und den Heiligen Geist. Aber dann kommt eine zweite Trimurti, in der wir von Osiris, Isis und Horus sprechen; und hier verwirren sie sich. Das liegt daran, dass die Verwandlung der einen Trimurti in die andere Trimurti nicht auf Grundlage des reinen Verstandes vollzogen werden kann.

Es gibt einen Faktor in dieser Umwandlung, der vollkommen spirituell ist, denn man kann ihn nur intuitiv erfassen, begreifen, verstehen.

Kether-Vater, Chokmah-Sohn und Binah-Heiliger Geist sind drei verschiedene Personen und ein einziger wahrer Gott, so lehrt es die Theologie. Obwohl diese drei Personen dreieinig sind, sind sie im Grunde nur ein Individuum, und das ist der Vater.

Innerhalb des Vaters sind der Sohn und der Heilige Geist. Genauso wie im wahren Menschen der Körper, die Seele und der Heilige Geist sind, so sind im Alten der Jahrhunderte ebenso der Sohn und der Heilige Geist, die ein einziges, vollständiges, einheitliches Eins bilden.

Im alten Ägypten nannte man diese einheitliche Eins Osiris. (siehe Kapitel 7). #

Osiris kann sich entfalten, und er entfaltet sich in Isis. Eva entsteht immer aus der Rippe Adams. Wie oben, so unten. Somit ist nichts Befremdliches an der Tatsache, dass aus Osiris, dem solaren Adam, die solare Eva, Urania-Venus, seine Frau entsteht.

Die Zwei entsteht immer aus der Eins. So wie der Vater, der im Verborgenen ist, seine Gemahlin hat, die die göttliche Mutter Kundalini ist, so hat Osiris immer Isis zur Frau. Aus der vollkommenen Vereinigung dieser beiden (Osiris und Isis) wird das Kind Horus (sprich: Aurus) geboren.

Sie und Er lieben einander, und als Ergebnis ihrer Liebe wird Sie durch die Gnade des Heiligen Geistes schwanger. Das bedeutet, durch die Gnade ihres Gatten, des dritten Logos, steigt der Christus oder zweite Logos herab in ihren unversehrten und jungfräulichen Mutterleib.

Es muss jedoch berücksichtigt werden, dass sich, obwohl sie die Gemahlin des dritten Logos ist, innerhalb des dritten Logos der zweite und auch der erste Logos befinden, weil der Logos letztendlich dreieinig und unteilbar, vollständig und einheitlich ist; es erfordert viel Scharfsinn, viel Feingefühl, Synthetismus und Intuition, das zu verstehen. Die Verwandlung einer Trimurti in die andere ist etwas, was von den

Schülern viel Anstrengung verlangt. Wenn Sie jedoch ihre Intuition etwas stärken, werden Sie es verstehen.

Durch die heilige, göttliche Kopula, durch die unbefleckte Empfängnis wird Isis schwanger. Sie ist Jungfrau vor der Geburt, während der Geburt, und nach der Geburt. Isis ist unsere individuelle göttliche Mutter Kundalini, Ram-Io.

So entsteht das Kind, das in Ägypten Horus genannt wird, und zu Zeiten der Hebräer nannte man es Jeshua, unseren verehrungswürdigen Erlöser. Der Jesus der Evangelien hat eine tiefe Bedeutung, weil „Jesus" von dem Wort Jeshua abstammt, das im hebräischen Erlöser bedeutet. Jesus, Jeshua und Horus ist das Gleiche, es ist das Kind, das immer in den Armen seiner Mutter, Isis oder Maria, liegt. Es ist derselbe Christus, der vom zweiten Logos herabkam, der Mensch gewordene kosmische Christus, der zum Sohn eines göttlichen Mannes und einer göttlichen Frau wurde.

Er wurde zum König-Kind-Erlöser, aber er ist ein individueller Kind-König, weil er das eigene Sein eines jeden ist. Er ist das gekrönte goldene Kind der Alchemie.

Es ist Jesus Christus, weil Christus der zweite Logos ist, und Jesus, weil er zum Erlöser wurde. Um zum Erlöser zu werden, musste er von seiner eigenen Sphäre herabsteigen, in einen reinen jungfräulichen Mutterleib eingehen und durch die Gnade des Heiligen Geistes geboren werden. Er wurde zum Kind der göttlichen Mutter, ein wahrer Sohn seiner Eltern.

Zweifellos müssen wir unterscheiden zwischen Jesus Christus dem großen Kabir (der Mann, der die Lehre des inneren Christus, der in jedem von uns ist, gepredigt hat) und dem inneren, individuellen Christus in jedem von uns.

Der kosmische Christus ist unpersönlich, universell und er ist jenseits der Individualität, der Persönlichkeit und dem *Ich*; er ist eine kosmische Kraft, die sich durch jeden Menschen, der korrekt vorbereitet ist, ausdrückt.

Sie drückte sich zum Beispiel durch einen Jesus von Nazareth, durch einen Hermes Trismegistos, durch einen Buddha Gautama Sakyamuni, durch einen Quetzalcoatl, usw. aus und sie kann sich durch jeden Avatar ausdrücken. Damit sich die Kraft ausdrücken kann, muss sie von den höheren Sphären herabsteigen und in den Mutterleib einer Jungfrau eindringen, die Isis, Maria, Tonanzin, Insoberta, Maia, Cibele, usw. genannt wird und die die individuelle kosmische Mutter ist, denn jeder hat seine eigene. Wenn man die Briefe des Apostels Paulus liest, kann man überraschenderweise feststellen, dass er Jesus, den großen Kabir oder den historischen Christus selten erwähnt, er spricht immer vom inneren Christus.

Aber damit der innere Christus, der menschgewordene Christus, in uns geboren werden kann, muss man in der Schmiede der Zyklopen gearbeitet haben und die existenziellen Körper des Seins gebildet haben.

Damit der Erlöser geboren wird, muss das Ereignis von Bethlehem wiederholt werden; dieses Ereignis ist zugleich tiefgründig und symbolisch. Das kleine Dorf Bethlehem, von dem die Evangelien sprechen, ist sinnbildlich.

Es wird behauptet, dass es dieses kleine Dorf zur Zeit von Jesus von Nazareth nicht gab. Wenn wir das Wort *Belen* (spanisch für Bethlehem) analysieren, haben wir *Bel-Em,* und wir stellen fest, dass *Bel* in der chaldäischen Terminologie Feuerturm bedeutet. Wann erreicht man den Feuerturm?

Wenn die höheren existenziellen Körper des Seins erschaffen wurden, wenn das heilige Feuer den oberen Teil des Gehirns erreicht hat; dann geschieht das Ereignis von Bethlehem.

Es kann aber auch vorkommen, dass ein Eingeweihter, obwohl er die solaren Körper hat, das Kind nicht inkarniert. Damit will ich etwas sehr Subtiles ansprechen, das von den Kabalisten übersehen wird, denn wir setzen Tiphereth mit dem Kausalkörper gleich.

Wir können diese Frage klären, indem wir den Brief von Paulus an die Korinther (I. Kor. 15:47-49) untersuchen. Paulus sagt, dass es einen irdischen Menschen und einen himmlischen Menschen gibt.

Der irdische Mensch wird zweifellos vom physischen, ätherischen, astralen und mentalen Körper und von dem des bewussten Willens gebildet. Damit der Menschensohn kommen kann, ist es notwendig, den irdischen Menschen zu erschaffen, weil der gewöhnliche Mensch noch kein Mensch ist. Man ist ein Mensch, wenn man sich den Luxus geleistet hat, die existenziellen Körper des Seins zu erschaffen, dann kann man ein Mensch genannt werden, wenn auch ein irdischer.

Der zweite Mensch, von dem Paulus spricht, ist der himmlische Mensch, und er sagt: „Und wie wir das Bild des irdischen Menschen getragen haben, so werden wir auch das Bild des himmlischen Menschen tragen."

Der Menschensohn kommt, wenn er eine bestimmte Aufgabe auf Erden zu erfüllen hat, wenn der Eingeweihte den direkten Weg zur endgültigen Befreiung genommen hat.

Nach der fünften Einweihung des Feuers wurde ich von meiner göttlichen Mutter Kundalini gerufen; sie hatte das Kind in ihren Armen. Ich hatte eine bestimmte esoterische Bitte und sie antwortete: *Bitte das Kind*, und ich fragte das Kind, was ich zu fragen hatte.

Danach konnte ich die Einweihung von Tiphereth empfangen, d. h., die der fünften Einweihung des Feuers. Dann trat das Kind, das ich in den Armen seiner Mutter gesehen hatte, meiner göttlichen Mutter (weil jeder seine eigene hat) durch das wunderbare Tor der Zirbeldrüse, die Descartes den Sitz der Seele nannte, in meinen Organismus ein.

Somit wurde mein Körper in diesen Fall zu dem Stall, in dem das Kind geboren wird, in dem es zur Welt kommt.

Ich kann Ihnen versichern, dass man am Anfang nicht viel von der Anwesenheit des Kindes in sich bemerkt. Es wird unter den Tieren des Stalls geboren, die nicht anderes sind als die Tiere der Begierden, der Leidenschaften, der Laster und Fehler, die das Bewusstsein gefangen halten, d. h., die Elemente, die das vielfältige *Ich* ausmachen.

Das *Ich* wird von tierischen Elementarwesen gebildet, diese ernähren sich von den niederen Substanzen der niederen tierischen Abgründe des Menschen, dort leben sie und vermehren sich.

Jedes tierische Elementarwesen steht für einen bestimmten Defekt; diese bilden das sogenannte *Ego*, die Tiere des Stalls, in dem das Kind geboren wird, um den Menschen zu retten. Dieses Kind muss viel leiden. Es wird nicht in einem großen Palast geboren, es wird in einem Stall geboren; es wird sehr schwach geboren, sehr klein, inmitten einer riesigen Zahl von *Ichs*, die den Stall umgeben.

Das Gott-Kind wächst ganz allmählich, es entwickelt sich mit der Zeit. Wie wächst es? Auf welche Weise? Indem man die *Ichs* auslöscht, indem man sie vernichtet, sie zu Asche, zu kosmischem Staub reduziert. So wächst unser individueller, innerer Jeshua. Die Arbeit, die das Kind bewältigen muss, ist sehr schwer; es ist der Christus, der im Stall geboren wird, um uns zu retten, und deshalb muss er all diese Tiere des Stalls in sich selbst töten. Er muss in sich selbst die Fürsten des Bösen bekämpfen, die Söhne der Treulosigkeit und die Versuchungen, die man als Mensch aus Fleisch und Blut erleben muss. Dies sind die Versuchungen, die er erleben muss; es sind seine Versuchungen, und der Leib aus Fleisch und Blut des Menschen wird zu seinem Leib aus Fleisch und Blut. Darin liegt der Wert seiner Opfer, seiner Anstrengungen.

So kommt der Menschensohn auf die Welt und wird zum Menschen aus Fleisch und Blut; er wird zum Mensch unter Menschen und ist dem menschlichen Leiden ausgesetzt und muss dieselben Qualen wie jeder Mensch erfahren.

Unser psychologischer Prozess wird zu einem Prozess, den er leiten und umwandeln muss; unsere Sorgen sind seine Sorgen. Er wird der heilige Unerschütterliche genannt, weil er nicht bezwungen werden kann und am Ende triumphiert. Dann wird er mit Ruhm überschüttet, er ist des Lobes, der Herrschaft und Majestät würdig.

Die Könige der Weisheit, die drei heiligen Könige, die wahren Genien werden den Herrn immer erkennen und ihn ehren und kommen, um ihn anzubeten.

In dem Maße, indem er heranwächst, werden die Leiden immer größer für ihn. Er, der so vollkommen ist, muss die Kräfte der Finsternis in sich selbst besiegen; er, der so rein ist, muss die Unreinheit in sich besiegen; er, der jenseits der Möglichkeit von Versuchung ist, muss die Versuchung in sich selbst besiegen.

Das Kind wird sich immer in großer Gefahr befinden; Herodes, die Welt, die Finsteren werden ihn immer töten wollen. Die Taufe im Jordan des Lebens wird immer unumgänglich sein; die Wasser des Lebens reinigen, verwandeln und taufen. Die Verklärung erklärt mit höchster Weisheit das Gesetz Moses, indem sie die Menschen lehrt und in ihrer Arbeit all den wunderbaren Eifer eines Elias offenbart.

Der innere Christus wird immer zu uns kommen, indem er auf den stürmischen Wellen des Meeres des Lebens schreitet. Der innere Christus wird in unserem Verstand immer Ordnung herstellen und unseren Augen das verlorene Licht wiedergeben; er wird das Brot der Eucharistie vervielfachen, um unsere Seelen zu nähren und zu stärken.

Der innere Christus, den der Eingeweihten inkarniert hat, wird auf den Straßen dieses großen Jerusalems der Welt predigen, um den Menschen die Botschaft des neuen Zeitalters zu bringen.

Aber die Schriftgelehrten, die Intellektuellen der Epoche, die den kulturellen Gesichtspunkt vertreten, werden sagen: *Dieser Mann ist verrückt.* Dies geschieht, weil die Intellektuellen alles auf der Grundlage des Denkens lösen wollen. Jedes menschliche Wesen ist in der Lage, durch strenge logische Prozesse seines Gehirns sowohl eine materialistische Theorie als auch eine spiritualistische Theorie zu entwickeln, und in der einen wie in der anderen, in der These und der Antithese, liegt eine wahrlich bewundernswerte Logik.

Seine Lehren werden auch von den Priestern, den Menschen aller Religionen, allen pseudo-esoterischen und pseudo-okkulten Organisationen abgelehnt. All diese Personen, die sich für sehr ernsthaft halten, sagen immer: *Was dieser Mensch sagt, ist verrückt, er ist böse.*

Auf diese Weise wird der Menschensohn in dieser Welt abgelehnt. Jeder Eingeweihte muss das kosmische Drama der Kreuzigung in sich selbst erleben. Die drei Verräter kreuzigen ihn, sie liefern ihn aus. Judas, der Dämon der Begierde verkauft ihn für 30 Silberstücke, er verrät ihn für Frauen, Vergnügen, Zerstreuungen.

Pilatus, der Dämon des Verstandes wäscht sich die Hände, er findet Rechtfertigungen für all seine Fehler. Kaiphas, der Dämon des schlechten Willens, will immer seinen Willen durchsetzen, er verabscheut den Willen des Vaters.

Der Eingeweihte muss das kosmische Drama auf eine gesamte, vollständige und umfassende Weise leben. Wir erkennen, dass er verflucht und betrogen wird und dass er getötet werden muss, d. h., der irdische Mensch muss sterben, er unterwirft sich dem Willen des Vaters und geht in den Tod, seine posthume Arbeit.

Im Bewusstsein eines Eingeweihten wird es immer wunderbare kosmische Ereignisse geben, und unter Blitzen, Donner und großen Erdbeben der Seele wird der Herr immer seinen Geist dem Vater übergeben und ausrufen: *Mein Vater, in deine Hände lege ich meine Seele*. Dann folgt sein Tod.

Mit seinem Tod löst er seine psychischen Aggregate auf, und nachdem der Körper für drei Tage ins Grab hinabgestiegen ist, ersteht er wieder auf. Diese drei Tage sind ebenfalls allegorisch. Nach diesen drei Tagen erfährt der Menschensohn drei große Reinigungen; auch das allerletzte unmenschliche Element, das er in sich trägt, stirbt.

Deshalb sagt man, dass der Menschensohn in sich selbst gestorben ist, dass er den Tod getötet hat, weil der Tod nur durch den Tod getötet werden kann. Später muss der Menschensohn mit dem physischen Körper auferstehen, er ist ein auferstandener Meister, er hat das Elixier des ewigen Lebens, er ist ein König der Natur, gemäß dem Orden von Melchisedek.

Wir können dann wie der Apostel Paulus ausrufen: *Der Tod ist verschlungen vom Sieg. Oh Tod, wo ist dein Stachel? Oh Grab, wo ist dein Sieg*? (1.Kor. 15:54-55).

Das Wichtige ist, dass er Erlösung erlangt; mit seiner Auferstehung ersteht die Seele in ihm auf. All unsere seelischen und spirituellen Prinzipien erstehen in ihm auf, sind eins in ihm.

Es ist nötig, zu verstehen, dass er der authentische innere Erlöser ist, unser individueller innerer Jesus Christus. So ersteht er im Vater auf, und der Vater ersteht in ihm auf.

Als Philipp, dieser Meister, der ein Experte des Jinas-Zustandes ist, zu Jesus sagte: *Zeig uns den Vater*, antwortete der große Kabir: *Wer den Sohn gesehen hat, hat den Vater gesehen.*

Die drei großen Reinigungen werden durch die drei Nägel des Kreuzes symbolisiert. Über dem Kreuz steht das Wort INRI (Ignis Naturae Renovatur Integra). Das Feuer erneuert unablässig die Natur. Die drei Nägel stehen für die drei Reinigungen durch das Feuer und das Eisen.

Nach den drei Reinigungen durch Feuer und Eisen erreicht man die Auferstehung von den Toten. Die drei Tage sind drei Abschnitte der Arbeit, in denen der Menschensohn das große Werk verwirklichen muss. Beachten Sie, dass er die unerwünschten Elemente mit dem Kreuz vernichtet hat. Die Treue zum Vater zeigt das Kreuz; es gibt viele, die behaupten, *ich bin dem Vater, der Mutter, dem Menschensohn treu*, aber wenn die Stunde der Prüfung kommt, im Augenblick der Wahrheit, scheitern sie am Kreuz. Wo ist das Kreuz?

Es ist der Kreuzungspunkt von Lingam-Yoni; hier begehen sie Unzucht, Ehebruch, all ihre schlechten Taten. Daher müssen all die unerwünschten Elemente vernichtet werden, um den Tod des irdischen Menschen zu erreichen. Es ist notwendig zu wissen, dass Jesus, der große Kabir, der vor 1977 Jahren auf die Welt kam, und der diese Lehre predigte, genau wusste, dass jeder Mensch seinen individuellen inneren Christus hat.

Deshalb sagt er, dass er will, dass jeder seinem eigenen inneren Christus folgt, und dass dieser es ist, der zählt, weil er unser Erlöser ist. Er ist es, der kommt, um uns mit dem Vater, der im Verborgenen ist, zu versöhnen, mit dem Alten der Jahrhunderte; er ist der große Versöhner. Wenn er den Sieg erreicht hat, glorifiziert er sich und ist all des Ruhmes und der Lobpreisungen würdig, weil er all das Böse in sich selbst überwunden hat.

Er hat es nicht äußerlich besiegt, sondern in sich selbst, er hat sich geopfert wie das Lamm, deshalb nennt man ihn Opferlamm. Er hat sich selbst geopfert, um uns mit seinem Blut, das heißt, dem Feuer, zu retten. Denn in der Alchemie symbolisiert das Blut das heilige Feuer von Kundalini. Es ist gut, all das zu verstehen; ich erkläre Ihnen, was ich selbst erlebt habe; was ich selbst erfahre. I

ch würde nicht das Verbrechen begehen, Ihnen zu sagen, dass ich der Christus bin, das wäre Gotteslästerung, ein Mangel an Respekt gegenüber dem Erlöser, aber ich kann Ihnen sagen, dass er mich rettet, wie er so viele gerettet hat.

Ich kann einer mehr der Geretteten sein, und da ich arbeite, habe ich es erfahren und das, was ich Ihnen erzähle, ist was ich weiß, was ich erlebt habe.

Numerologie
und
esoterische Mathematik

Numerologische Tafel

1	2	3
4	5	6
7	8	9

Das ist eine Tafel, die sehr wichtig ist, um die esoterischen Mysterien zu verstehen. Es ist ein Quadrat, das in neun Zahlen eingeteilt ist. Es gibt eine dreifache senkrechte und waagrechte Einteilung. Hier sind die Prinzipien der Arithmetik und der Geometrie zu erkennen.

Wir finden in dieser Tafel die individuelle Architektur, das innere Universum, das jeder von uns in sich selbst erschaffen muss. Es ist der Aufbau unseres inneren individuellen Universums. Die kosmische Architektur ist mit den sieben Kosmen des Unendlichen verbunden. Die soziale Architektur ist mit der Konstruktion unserer Tempel, Häuser und Bauwerken verbunden.

Es ist wichtig, zu verstehen, dass diese Tafel mit den drei zuvor erwähnten Prinzipien der Architektur, der Geometrie und der Mathematik in Verbindung steht. Wir müssen uns mit den Zahlen verbinden, denn die Kabbala gründet sich darauf. Das Quadrat, das aus neun Teilen besteht, repräsentiert eine dreifache Ausdehnung oder die Dreiheit des Ternäres, d. h., die neunte Sphäre. Wir haben die neunte Sphäre oft erklärt, aber das kann mathematisch veranschaulicht werden.

Alles, was sich auf die neunte Sphäre und die Selbstverwirklichung bezieht, kann durch Zahlen oder die esoterische Mathematik, die aus fernen Zeiten kommt, bewiesen werden. Wir werden die erste senkrechte Dreiheit untersuchen.

1. Die Monade

4. Das Kreuz

7. Die Siebenheit

Die „1“ ist die Monade, die Einheit, das *Jod-Heve - Jehova*, der Vater, der im Verborgenen ist; sie ist die göttliche Triade und sie ist in einem Meister, der das *Ego* nicht vernichtet hat, nicht inkarniert. Sie ist Osiris, Gott selbst, das Wort. Sie findet ihren Ausdruck in der 4, weil die 4 der Wagen von Merkaba der Kabbala ist, das sind die 4 Körper.

1. Der physische Körper
2. Der authentische solare Astralkörper
3. Der authentische solare Mentalkörper
4. Der authentische solare Kausalkörper

Es ist der Wagen der Jahrhunderte, der zum Bild des himmlischen Menschen wird. Die Monade äußert sich durch den Wagen, in ihm reist sie. Die 4 stellt auch die 4 Enden des Kreuzes dar, das die Mysterien des Lingam-Yoni beinhaltet. Am Kreuzungspunkt dieser beiden befindet sich der Schlüssel, mit dem die Selbstverwirklichung erlangt werden kann. Die Monade selbstverwirklicht sich durch das Kreuz.

Ohne die 4 gibt es keine Selbstverwirklichung, oder das Gesetz der Dreiheiten, das zur esoterischen Mathematik gehört, würde verletzt werden.

$$4 = + \text{ (Kreuz)}$$

In der 4 befinden sich die Mysterien der Sexualität.

Männlich und weiblich = + (das Kreuz)

Die Selbstverwirklichung der Monade bewahrheitet sich in der Siebenheit, im authentischen Menschen. Die Siebenheit ist vollkommen, wenn man die 7 Prinzipien oder christifizierten Körper besitzt, die 7 Chakren entwickelt und die 7 Schlangen des Feuers erhoben hat. Wir untersuchen die zweite senkrechte Dreiheit.

2. Die göttliche Mutter

5. Die Intelligenz

8. Der Merkurstab

Die 2 ist Heve, die göttliche Mutter, sie ist der Vater, der sich entfaltet, deshalb ist sie auch Brahma, weil sie der weibliche Aspekt des Vaters ist.

Iod: Monade

Heve: göttliche Mutter

Iod-Heve: Jehova

Der authentische Jehova ist unser Vater, der im Verborgenen ist und unsere göttliche Mutter. Der grausame Jehova der Juden ist eine

Vermenschlichung des wahren Jehovas, der in jedem von uns ist. Heve, die göttliche Mutter drückt sich durch die Intelligenz aus, die die Zahl 5 ist; durch sie erreicht man die Auslöschung des *Egos*, die wahre Intelligenz befindet sich in ihr.

Wenn man das *Ego* auflösen will, muss man die eigenen Fehler zutiefst verstehen und die göttliche Mutter anrufen und sie bitten, diese Fehler auszulöschen.

Die göttliche Mutter manifestiert durch die heilige 8 oder den Merkurstab, der die Wirbelsäule darstellt, die Energie von Kundalini, die durch den Kanal von Sushumna aufsteigt.

Die heilige 8 hat ihre Wurzel in der Sexualität. Die heilige 8 ist das Symbol des Unendlichen. Die Beziehung zwischen 2, 5 und 8 ist sehr besonders; der Merkurstab oder das Symbol des Unendlichen befindet sich in der neunten Sphäre.

All dieses Wissen war in den Mysterien des Pythagoras bekannt. In der Freimaurerei kennt man es, aber es wurde dort nicht gründlich studiert. Wir untersuchen die dritte senkrechte Dreiheit.

3. Die Dreiheit

6. Die Liebe, der Mann und die Frau

9. Die neunte Sphäre

Die Zahl 3 entspricht dem dritten Logos, dem Heiligen Geist. Der dritte Logos ist die schöpferische sexuelle Kraft, die im ganzen Universum zum Ausdruck kommt. Man arbeitet mit der Zahl 6, die mit der Sexualität verbunden ist. Hier findet man den Mann und die Frau; im Tarot sieht man einen Mann vor dem Laster und der Tugend, vor der Jungfrau und der Hure. Man muss die sexuelle Kraft durch die Zahl 6 bearbeiten, d. h., mit der Liebe, das drückt sich durch die Zahl 9 aus, die der neunten Sphäre entspricht.

Die Zahl 9 ist die Zahl des Meisters. Die drei Triaden oder waagrechten Linien stellen die drei Welten dar.

Spirituell: Geist

Seelisch: Seele

Physisch: Leib

In dieser Tafel sind die Prinzipien für die Selbstverwirklichung des Menschen enthalten.

Die Zahl 1

Die Zahl 1 ist die Sonne, der königliche Stern, er, der uns Leben gibt. Sie entspricht dem Sternbild des Widders, der den Kopf beherrscht.

Sie entspricht der musikalischen Note Do und der Farbe weiß. Das Metall ist das Gold und der Edelstein der Diamant.

Bei den Nervengeflechten, mit denen Chakren verbunden sind, wird die Zahl 1 dem kardialen Nervengeflecht zugeordnet, weil der Tod kommt, wenn das Herz aufhört, zu schlagen.

Deshalb ist es die Zahl 1. Die Zahl 1 ist die Weisheit des Vaters, die Krone, weil der Alte der Tage der König ist, der die Macht über die Natur hat. Er ist die 1, weil er die Macht hat, weil er befiehlt.

Die Weisheit gehört dem Vater an; man kann die Monade nicht lehren. Die Weisheit des Vaters sieht alles voraus.

Um nicht gegen die Barmherzigkeit zu verstoßen, kann man unbarmherzig werden, weil wir den Vater oft nicht verstehen; er ist die Zahl 1 des kabalistischen Baumes.

Außergewöhnliche Ideen entsprechen der 1. Es ist offensichtlich, dass der Wille, die persönliche Initiative und der Unternehmergeist der Zahl 1 angehören.

Die Einheit von Gedanken und Tat muss mit der ursprünglichen Absicht und der Entschlossenheit Eins werden, als großartiger Impuls für alles, was man tun wird.

Die Zahl 2

Der Zahl 2 entspricht das Sternbild des Stiers, das den schöpferischen Kehlkopf, die wunderbare Gebärmutter, in der das Wort geboren wird, beherrscht. Die musikalische Note ist Re, die Farbe ist violett, das Metall ist Silber und der Edelstein ist der Smaragd.

Das entsprechende Nervengeflecht ist das des Kehlkopfes, der Schilddrüse, das Chakra des magischen Ohrs und des Hellhörens.

Das Mantra für den Kehlkopf, um dieses Chakra zu erwecken, ist das E, das mit der Note Re erklingen soll; dieses Mantram sollte täglich gesungen werden; man sollte einatmen und mit der Note Re ausatmen und dabei *Eeeeeeee...* singen.

Auf diese Weise erreicht man die Entwicklung des Kehlkopfchakras, das uns die Fähigkeit gibt, die Stimmen der höheren Ebenen, der höheren Wesen zu hören. Es ist eine Notwendigkeit, das Kehlkopfchakra zu entwickeln, weil es unmöglich ist, diese Laute auf andere Weise zu hören. Die Lymphdrüsen und der Magen entsprechen der Zahl 2, ebenso der Mond.

Die Zahl 1 entfaltet sich in die Dyade. Die Zahl 2 ist der zweite Aspekt in der ersten Dreiheit, der Christus. Das sollte nicht mit der zweiten Dreiheit verwechselt werden, in der sich der Vater in die Mutter entfaltet und diese in das Kind.

Die Zahl 2 des kabbalistischen Baumes ist der Sohn, der Christus, er ist der Lehrer der Welt. Deshalb sagte Hermes Trismegistos: *„Ich gebe euch Liebe, in der die gesamte Weisheit enthalten ist.“*

Die Zahl 2 hat 32 Pfade und 50 Tore. Die Erklärung ist Folgende:

32 Pfade = 3 + 2 = 5 (das Pentagramm, der Mensch)

50 Tore = 5 + 0 = 5 (das Pentagramm, der Mensch)

Wir addieren das Ergebnis: 5 + 5 = 10

10 = 1 + 0 = 1 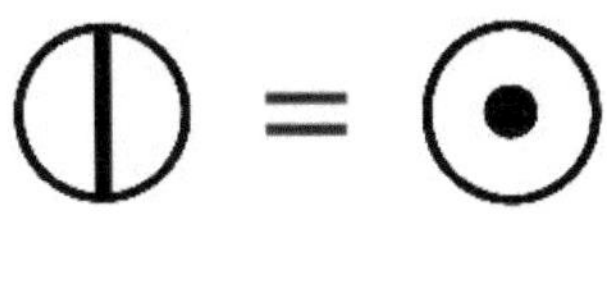

In der 0 befinden sich die männlichen und weiblichen Prinzipien, die Grundlage der Liebe durch die Sexualität.

⊙ Die heilige Mutter
Die kosmische Mutter

∞ Das Unendliche

⛤ Das Pentagramm

5 + 5 = 10 wird so dargestellt:

⊙ = ∞ = ⛤ (Der Mensch)

Die Aussage über die 50 Tore ist sehr interessant, in einem der gnostischen Rituale wird gesagt, dass es einen Palast gibt:

Der Boden dieses Palastes ist aus Silber und Gold, Lapislazuli und Jaspis; und man atmet dort eine Vielfalt an Rosen- und Jasminaromen. Jedoch weht ein Todeshauch inmitten des Ganzen. Lasset die Offizianten eintreten oder die Tore einzeln oder alle auf einmal öffnen. Lasset sie auf den Boden des Palastes stehen, er wird nicht untergehen. Wehe dir, o Krieger, o Kämpfer, wenn dein Diener unterginge. Aber es gibt solche und solche Lösungen.

Gewiss gibt es in den höheren Welten einen Tempel mit 50 Toren, der von den vier Elementen umgeben ist: Feuer, Erde, Luft und Wasser. Er wird von zwei goldenen Sphinxen bewacht. Der Schüler erhält in diesem Tempel Unterricht; jeder seiner Räume entspricht kabbalistisch den 50 Toren und den 32 Pfaden (er sieht seine vergangenen Leben).

Jeder hat die 50 Tore in sich; alles ist im Menschen. Als ich mich vor vielen Jahren, zu Anfang des neuen Jahres, im Astralkörper befand, musste ich ein bestimmtes Drama im Theater der Welt erleben. Während ich verfolgt wurde, erreichte ich den Tempel der 50 Tore mit seinen zwei Sphinxen aus Gold, die die Türen bewachen. Wir haben bereits die Symbolik der Sphinx, das Gesicht, die Klauen des Löwen, usw., studiert.

Ich betrat den Palast, der von Wasser umgeben war und durchquerte einem wunderschönen Garten, aber es gab dort einen Hauch des Todes; ich betrat das erste der 50 Tore und wurde von einer Gruppe von Brüdern empfangen, die mir applaudierten; danach ging ich hinaus und betrat einen weiteren hübschen Garten, wo ebenso ein Hauch des Todes war; ich trat dann durch ein zweites Tor und die, die mir gratuliert hatten, waren zu Verrätern geworden, die brüllten und mich verleumdeten; ich blieb still und ging durch einen weiteren Garten zum dritten Tor, wo ich andere Menschen traf, die mir gratulierten, ich ging durch einen anderen Raum und traf weitere Leute.

So ging ich durch die 50 Tore und folgte den 32 Pfaden, das bedeutet, den inneren Weg zu durchlaufen. Ich traf auf einige Meister, die wie Scharfrichter gekleidet waren (sie sind die Scharfrichter des *Egos*), die mir sagten: *Studiere das Ritual des Lebens und des Todes, bis der Offiziant kommt.* Der Offiziant war mein wahres Sein.

Damit habe ich die 32 Pfade und die 50 Tore erklärt; das ist die Zahl 2. Alles entspricht dem inneren Christus, der in jedem von uns geboren werden muss, er ist die Liebe.

Die Zahl 2 ist die Liebe, der leidende Christus, er, der das gesamte Drama erleben muss.

Die Zahl 2 weist auf die zwei Säulen, Jakin und Boaz, hin. Man muss lernen, Ideen, Gedanken mit Menschen und familiären Angelegenheiten zu verbinden; man muss andere Meinungen anhören können, ohne sich zu ärgern; man muss das *Ich* des Zornes auflösen, die Harmonie pflegen, damit die Verbindungen harmonisch sind.

Zu der Zahl 2 gehören die Beziehungen: die Mutter mit dem Kind, die Frau mit dem Mann, der Mann mit der Frau, Beziehungen zu Dingen, zu Antithesen, zu Meinungen.

Man muss lernen, mit den Gedanken, den Angelegenheiten, in Frieden und Gelassenheit umzugehen; das ist die Zahl 2. Man muss lernen, mit der 2 umzugehen.

Die Zahl 3

Die Zahl 3 entspricht dem Tierkreiszeichen der Zwillinge und dem Planeten Jupiter.

Die musikalische Note der Zahl 3 ist Mi, die Farbe ist purpur, das Metall das Zinn, das Nervengeflecht ist das der Milz und der Leber. Die Transmutation der schöpferischen Energie entspricht der Zahl 3.

Das Milzchakra ist das Zentrum des ätherischen Körpers, das Leben der Sonne dringt hier in unseren Körper ein. Während der Nacht sammelt das Milzchakra die Energien, die die Sonne am Tag gespendet hat.

Mit dieser Energie verwandelt das Milzchakra die weißen Blutkörperchen in rote Blutkörperchen. Während des Tages blockieren die organischen Abfallprodukte die Nervenkanäle des großen sympathischen Nervensystems.

Während des Schlafes lässt die Vitalenergie dieses Chakras sich drehen und dieses nutzt die Energie der Sonne, die zur Milz gelangt und die weißen Blutkörperchen in rote verwandelt. Die Energie gelangt dann zum Solarplexus und wird im gesamten Nervensystem verteilt.

Die Schilddrüse arbeitet mit, indem sie den ganzen Organismus desinfiziert. Wenn das *Ego* (der lunare Astralkörper) zurückkehrt, ist der Organismus erneuert und wir fühlen uns gesünder.

Wenn man sehr müde aufsteht, bedeutet das, dass der Organismus krank ist. Das Leberchakra dient der Astralprojektion. Der Astralkörper ist mit der Leber verbunden. Wenn man das Chakra der Leber erweckt, kann man den physischen Körper nach Belieben verlassen und in ihn zurückkehren.

Die Milz, die Leber und der Solarplexus werden durch das ägyptische Mantra FE-UIN-DAGT entwickelt.

Man singt das Mantram mit der Note Mi, das entwickelt die 3 Chakras und die Lungen. Die Zahl 3 ist Macht, sie hat 50 Tore und 50 Lichter. Wir kennen bereits die Bedeutung der 50 Tore, wir müssen sie in uns selbst suchen.

50 Tore = 5 + 0 = 5 (das Pentagramm, der Mensch)

50 Lichter = 5 + 0 = 5

Das Ergebnis addiert: 5 +5 = 10

Die 10 sind die 10 Sephiroth der Kabbala:

10 + 10 = 

Das ist das Symbol der göttlichen Mutter, die Linie ist nichts anderes als ein erweiterter Punkt.

Wir haben entdeckt, dass 10 = Pentagramm. In der 10 ist, wie wir alle wissen die Unendlichkeit (∞), die schöpferische Energie.

Der Heilige Geist gibt uns Macht, die Macht der Sexualität, darin liegt die Kraft des Heiligen Geistes, die 50 Lichter sind die Kraft des Heiligen Geistes. Ohne diese Kraft *„haben wir kein Schwert und ohne das Schwert sind wir unbewaffnet"*.

Man sagt, dass in der Zahl 3 das Gesetz von Moses enthalten ist, weil der Heilige Geist in der 3 ist. Der Heilige Geist erleuchtet uns, er lehrt uns das Gesetz.

Weisheit - Vater

Liebe - Sohn

Macht - Heiliger Geist

So ist die Ordnung

Wenn wir den praktischen Aspekt des Lebens betrachten, erkennen wir, dass die Zahl 3 sowohl die materielle als auch die spirituelle Erzeugung ist. Die Verwirklichung unserer Sehnsüchte, Hoffnungen und Ideen.

Aber wenn wir produktiv sein wollen, Erfolg erlangen wollen, müssen wir die 3 mit Intelligenz handhaben, weil es in der 3 Harmonie, Kunst und Schönheit gibt. Wir sollten alles auf eine schöne Weise ausdrücken.

Wenn man triumphieren möchte, muss man die 3 zu nutzen wissen, sei es mit dem Wort oder der Art, sich zu kleiden. Die 3 erlaubt die Verwirklichung unserer höchsten Bestrebungen. Eine Grundlage zu schaffen, erzeugt günstige Bedingungen, um zu triumphieren.

Wenn wir uns eines Tages unter der grundlegenden Tendenz der Zahl 3 befinden (das werden wir später sehen), müssen wir unsere Sache gut machen, mit Vorsicht, Schönheit, Harmonie und Vollkommenheit. Wir müssen es verstehen, zu erschaffen, um zu erreichen, was wir an diesem Tag anstreben; sei es geschäftlich, bei unserer Arbeit oder was auch immer.

Die Zahl 4

Die Zahl 4 ist die Tetrade, der entsprechende Planet ist Uranus und natürlich die Konstellation des Krebses, weil es das vierte Sternbild ist. Die Farbe ist dunkelrot, das Metall Platin.

Die musikalische Note ist Fa; die Körperflüssigkeiten, die Hormone entsprechen der Zahl 4. Die Zahl 4 ist die Herrlichkeit. Sie hat 72 Tore, um Recht zu sprechen und dieses wird angewendet durch die 35 Prinzipien der Barmherzigkeit.

Wir sind herrlich, insofern wir in Übereinstimmung mit jedem dieser Prinzipien vorgehen. Die Gerechtigkeit wird gemäß der 35 Prinzipien der Barmherzigkeit ausgeübt. Gerechtigkeit ohne Barmherzigkeit wäre Tyrannei. Die Gerechtigkeit und die Barmherzigkeit sind vollkommen im Gleichgewicht.

72 Tore = 7 + 2 = 9 (die neunte Sphäre)

Man kann nicht gerecht sein, wahrhaft gerecht, wenn man nicht die zweite Geburt erlangt hat.

Wenn man die neunte Sphäre durchquert hat, erhält man das flammende Schwert, dann gilt man als gerecht.

Wer nicht in der neunten Sphäre gearbeitet hat, hat kein Recht auf das Schwert der Gerechtigkeit.

Die 35 Prinzipien der Barmherzigkeit = 3 + 5 = 8 (Gerechtigkeit). Im Arkanum Nummer 8 trägt die Frau das Schwert der Gerechtigkeit und hält eine Waage, um die guten und schlechten Taten zu wiegen.

Wir müssen über die Sexualität triumphieren. Die großen Archonten des Gesetzes haben über die Sexualität triumphiert. In ihnen sind Gerechtigkeit und Barmherzigkeit im Gleichgewicht. In der Zahl 4 findet man Geschicklichkeit in jedem Bereich, Ordnung, Autorität.

Die Zahl 4 ist der Kaiser der Kabbala. Sie bedeutet Stabilität; sie ist die Grundlage für das, was wir wollen, sei es bezüglich der Familie, des Geschäftes, einer Reise, bei der Arbeit, usw.

Was erforderlich ist, muss vollkommen stabil sein, es muss der kubische Stein sein, so stabil wie Beton, man soll kein falsches Fundament errichten, sonst stürzt alles ein. Wenn wir uns eines Tages unter der grundlegenden Tendenz der Zahl 4 befinden, müssen wir eine stabile Basis errichten, um Erfolg zu haben. Die Dinge müssen korrekt, genau und solide erledigt werden, damit sie nicht scheitern.

An diesem Tag sollten wir die Dinge erledigen, indem wir genau und gründlich überlegen, wenn wir ohne Überlegung handeln, werden wir scheitern.

In der Zahl 4 gibt es einen ökonomischen Aspekt und diesen müssen wir auf korrekte Weise entwickeln, darin sind Aufstiege und Abstiege enthalten.

Jedes Mal, wenn ein Aufstieg erforderlich ist, muss man ein solides Fundament haben. Über die Zahl 4 muss hinsichtlich aller Dinge nachgedacht werden, sie muss als Fundament betrachtet werden, und dieses Fundament muss solide sein. Wir müssen ein Fundament für familiäre Beziehungen schaffen.

Die Zahl 5

Die Zahl 5 ist das Pentagramm, der fünfzackige Stern. Er entspricht dem Planeten Merkur und dem fünften Sternbild, dem Löwen. Der Solarplexus entspricht der Zahl 5, das Metall ist Azoth (Quecksilber). Die musikalische Note ist Sol.

Sie ist verbunden mit der Gallenblase. Esoterisch entspricht sie dem Planeten Mars. Die Zahl 5 der Kabbala ist der Hohepriester, die Strenge, das Gesetz. Man sagt, dass sie 72 Tore hat und dass jedes Tor 35 Prinzipien hat.

Wir sind in dem Maße stark, in dem wir diese Prinzipien befolgen. Die 5 ist das lebendige Feuer, das in uns erwacht und das sich in unserem gesamten Organismus verbreitet, es ist die Kraft, das Feuer.

Analysieren wir die 72 Tore

72 Tore = 7 + 2 = 9 (neunte Sphäre)

Die 35 Prinzipien = 3 + 5 = 8 (das Unendliche)

Die 9 ist der Eremit, die neunte Sphäre, die Sexualität. Im Bezug auf die 8 ist es die Gerechtigkeit, die wiederum durch das Symbol des Unendlichen, das Feuer von Phlegethon und das Wasser von Acheron, dargestellt wird.

Das Feuer und das Wasser sind der Ursprung der Menschen, Tiere und Götter.

Jede echte Einweihung beginnt hier: Der Menschensohn kommt aus dem Feuer und dem Wasser, das ist es, was uns Kraft gibt. Die 5 ist der fünfzackige Stern, das Pentagramm, der Mensch.

Der authentische Mensch muss in der neunten Sphäre geboren werden; es ist sehr wichtig, das zu verstehen. Daher sind es 72 Tore, weil er in der neunten Sphäre geboren wird, die dem Menschensohn die Macht gibt.

Die 35 Prinzipien sind die Gerechtigkeit, das Gesetz; die Zahl 5 ist die Überprüfung. Das Wasser und das Feuer überschneiden sich in der neunten Sphäre und bilden das Symbol des Unendlichen, die liegende Acht.

Folglich: $\infty =$ 

Ariano Montes, der große Esoteriker, der in einem Kloster in Spanien lebt, gibt uns diese Formel, *das Unendliche = das Pentagramm.* Das findet man auch in alten Büchern.

Der Menschensohn wird in der neunten Sphäre, der Sexualität, aus Wasser und Feuer geboren. Vom psychologischen Gesichtspunkt aus bedeutet die Zahl 5: Überzeugung, Erkundung, Auswahl, Verständnis.

In der Zahl 5 erkennen wir das Studieren. Diese Zahl sollte man auf nachdenkliche, analytische Weise anzuwenden wissen, indem man neue Aspekte sucht und erkundet. Analysieren und forschen.

Man sollte nichts ohne Überlegung unternehmen, denn wenn diese Bedingungen nicht erfüllt sind, werden die Dinge scheitern.

Es geht nicht darum, etwas zu projizieren, denn dann scheitern wir, wer sein Leben damit verbringt, nur Pläne zu machen, der scheitert.

Man muss das Für und Wider der Angelegenheiten abwägen, damit die Dinge gut laufen, wir müssen lernen, selbst zu denken; all jene, die nur Pläne machen, scheitern.

Man muss sich auf Tatsachen stützen und es mit Intelligenz tun, um keine Fehler zu machen. Aus dem Abgrund, der zwischen Gedanken und Taten existiert, bildet sich manchmal ein Projekt, aber es wird scheitern.

Wir sollten uns nicht auf Projekte, sondern auf Taten stützen, wir sollten uns auf die Taten mit Intelligenz, mit Weisheit, mit Verständnis stützen, damit wir nicht große Fehlschläge erleiden.

Man muss wachsam sein.

Die Zahl 5 ist auch ein Symbol der Macht, wir müssen die Dinge mit Intelligenz tun, wachsam sein, damit wir kein Fehler machen.

Die Zahl 6

Die Zahl 6 entspricht dem sechsten Sternbild, der Jungfrau. Der Planet ist die Venus und die musikalische Note ist La.

Sie steht in Beziehung zu den Langerhansschen Inseln, die sich in der Bauchspeicheldrüse befinden und das Insulin ausschütten, das so wichtig für die Verdauung von Zucker ist.

Die Farbe ist blau, ihr Nervengeflecht ist das Kreuz- oder Steißbein, das Muladhara Chakra. Die 6 ist mit allen Drüsen verbunden. Die Zahl 6 hat 72 Tore an jeder Seite und 72 dazwischenliegende.

Der Eingeweihte, der diese 72 Tore durchschreitet, ist in der Lage, in die Welt der rauen Realität des Lebens und die siderische Welt einzutreten. Die Welt der rauen Realität ist die neunte Sphäre, denn 72 Tore = 7 + 2 = 9.

Wenn wir wissen, was die 72 Tore bedeuten, wenn wir wissen, was das große Arkanum ist, können wir die Welt der rauen Realität des Lebens und die *Mundo Sidere*, die Astralwelt, betreten.

Es ist sehr interessant, dass die Zahl 6 72 Tore an jeder Seite und 72 dazwischenliegende hat; die Erklärung finden wir im Stern von König Salomon.

6 männliche Spitzen

6 weibliche Einbuchtungen

Dieser Stern hat insgesamt 12 Spitzen, 6 männliche, 6 weibliche, die zusammen die 12 Sternbilder des Tierkreises ergeben. Im Stern sind die Mysterien des Arkanums A.Z.F., die Mysterien der Alchemie, die Mysterien der Sexualität zusammengefasst, er ist das Symbol des Logos.

Nachdem die 6 auf transzendentale kabbalistische Weise erläutert wurde, werden Sie verstehen, warum man die Welt der rauen Realität betritt, wenn man beginnt, dieses Arkanum zu verstehen. Deshalb erschrecken die Menschen, wenn man ihnen das Arkanum A.Z.F. nur in groben Zügen und öffentlich erklärt. Die Lehre der neunten Sphäre muss anhand der Kabbala dargelegt werden, damit die Menschen die Wahrheit erfahren. Die 72 Seite an Seite liegenden Tore sind innerhalb von Jakin und Boaz, und in der Mitte dieser zwei Säulen, wo die 72 dazwischenliegenden sind, befindet sich das Mysterium der zwei Säulen, der unbearbeitete Stein.

Der unbearbeitete Stein muss gemeißelt werden, bis er vollkommen ist. Wenn wir die heilige 6 dreimal nebeneinanderstellen, macht das 666, die Zahl der Bestie.

Wenn wir 6 + 6 + 6 addieren, ergibt das 18. Die 18 ist äußerst finster, sie ist die Dämmerung, die verborgenen Feinde, die geheimen Feinde.

Die Finsteren greifen auf schreckliche Weise an, wenn man am großen Werk arbeitet. Den Finsteren gefällt das nicht und sie suchen nach einem Weg, den Schüler von seinem Pfad abzubringen, sie greifen ihn auf fürchterliche Weise an.

Bei der Zahl 6 stoßen wir auf die erotische Willenskraft, auf Ideen, die sich auf Verschönerung beziehen, Gegenseitigkeit, Fruchtbarkeit und Verliebtheit.

Die Zahl 7

Die Zahl 7 ist eine sehr starke Zahl. Ihr Planet ist Neptun und sie entspricht dem Sternbild der Waage. Ihre Note ist Si; das Metall ist die Bronze; der Stein ist der Opal.

Ihre Farbe ist Magenta (eine blaue Farbe, in Richtung violett und stahlgrau). Alle Nadis- oder Nervenkanäle gehören zu dieser Zahl. Die Zahl 7 wird von 248 Geboten bewacht. In dem Maße, in dem wir diese 248 Gebote verstehen, entwickeln wir uns weiter.

Das Arkanum Nummer 7 ist der Triumph und wer triumphiert, sieht das Astrallicht und ist fast selbstverwirklicht.

Wenn wir 248 zusammenzählen, erhalten wir:

2 + 4 + 8 = 14; 1 + 4 = 5

Die 248 Gebote führen zum Arkanum 14 der Kabbala, der Mäßigung, eine Frau mit zwei Gefäßen, die die zwei Wasser mischt; das heißt, das weiße und das rote Elixier des Lebens, der Alchemie.

Das ist die Arbeit mit der Sonne und dem Mond, die Arbeit der Umwandlung. Die Zahl 5 wird zum vollkommenen, selbstverwirklichten flammenden Stern. Die 7 ist die Zahl des Sieges und sie hat 248 bejahende Gebote.

Man muss die 248 Gebote verstehen, um den Sieg über sich selbst zu erlangen und um das Astrallicht sehen zu können.

Dort finden wir die Anstrengung der Seele, von Tat und Abbild, von Antwort oder Ergebnis.

Die Zahl 7 ist das Arkanum des Sieges, die 248 Gebote führen zum Arkanum 5, was nichts anderes ist als der strahlende flammende Stern, der Stern der Göttlichkeit. Die Zahl 7 ist Tatkraft, Integrität, Konzentration, Gnade, Sehnsucht nach höherem Leben.

Die Zahl 8

Die Zahl 8 ist die Oktade. Ihr Planet ist Saturn, das Sternbild, das ihr entspricht, ist das achte, Skorpion. Das Metall ist das Blei, der Stein der schwarze Onyx.

Die musikalische Note ist das Do in der zweiten Oktave. In der Zahl 8 sind die Gesetze von Evolution und Involution enthalten.

Diejenigen, die der Evolution unterliegen, verletzen die Gesetze der heiligen 8, sie verletzen die Gesetze der Mathematik; denn auf jede Evolution folgt eine Involution. Diese beiden Gesetze bilden die heilige 8.

Diese beiden Gesetze von Evolution und Involution können uns nicht zur Selbstverwirklichung führen; dafür ist der Weg des Bewusstseins erforderlich. In der Natur, im Universum ist alles Mathematik.

Die heilige 8 stellt den Verstand, das Herz und die Sexualität des Genius des Planeten dar. Wir wissen bereits, dass der Kampf schrecklich ist: Verstand gegen Sexualität, Sexualität gegen Verstand, Herz gegen Herz.

Die heilige 8 hat 365 Gebote; diese Gebote dürfen nicht verletzt werden.

3 + 6 + 5 = 14; 1+ 4 = 5

Die 14 steht für die Mäßigung, sie ist die Vermischung der Wasser, die Arbeit mit dem roten Elixier und dem weißen Elixier. Wenn der Kampf von Herz gegen Herz beginnt, dann fällt der fünfzackige Stern und zeigt mit den unteren Spitzen nach oben.

Die Zahl 8 ist das ursprüngliche Wasser, weil sie sich in der neunten Sphäre befindet, im planetarischen Gehirn.

Die Wasser werden in Energie umgewandelt und steigen durch Ida und Pingala auf, bilden den Merkurstab, die heilige 8 und erreichen das Gehirn.

Man muss zwischen einem Fall und einem Abstieg zu unterscheiden lernen. Niemand kann aufsteigen, ohne zuerst hinabzusteigen, so ist das Gesetz. Der höchste Ungehorsam von Adam wird durch die höchste Gehorsamkeit von Christus überwunden; aber Christus musste hinabsteigen. Immer wenn wir aufsteigen wollen, müssen wir hinabsteigen, weil wir sonst stagnieren.

Aus dieser Stagnation kann man nur durch den Abstieg entkommen; aber man sollte unterscheiden zwischen einem Fall und einem Abstieg.

Die Zahl 8 ist die Mäßigung, der Merkurstab, die Aufteilung mit Gerechtigkeit.

Die Zahl 9

Die Zahl 9 ist das Enneagon, die neunte Sphäre. Sie ist mit Mars verbunden, durch die neunte Sphäre. Dort findet ein Kampf gegen sich selbst statt, gegen alles, gegen die Natur, weil hier die Götter und die Dämonen entstehen, und man muss auf den Grund der Hölle hinabsteigen, um die solaren Körper zu erschaffen.

Der Zahl 9 entspricht das neunte Sternbild, Schütze. Das Metall ist das Eisen, der Stein der Karfunkel. Die Farbe ist rot und die musikalische Note das Re in der zweiten Oktave.

Das Nervengeflecht des Herzens und die Zeugungsorgane, die Keimdrüsen, entsprechen der Zahl 9.

Die Arbeit in der neunten Sphäre hat ein Ziel, die Erschaffung der solaren Körper. Man muss jedoch begreifen, dass, obwohl ein Individuum die solaren Körper hergestellt hat, es deshalb noch nicht die Unsterblichkeit erlangt hat.

Um die Unsterblichkeit zu erlangen, ist es erforderlich, an der Auflösung des *Egos* gearbeitet zu haben, um nicht ein Hanasmussen mit einem doppelten Zentrum der Schwerkraft zu werden.

Das sind die Missgeburten der heiligen Mutter, die in die höllischen Welten eintreten, bis sie den zweiten Tod erreichen.

Es ist notwendig, die Auslöschung des *Egos* und der drei Verräter zu erreichen. Wenn man hundert Prozent Bewusstsein erreicht, dann erkennt man, was das *Ego* und die drei Verräter sind.

Die roten Dämonen des Seth müssen zu kosmischem Staub reduziert werden.

Es ist notwendig, den absoluten Tod zu erfahren, denn wenn auch nur ein subjektives Element am Leben bleibt, wird der Verstorbene zur Ordnung gerufen.

Diejenigen, die in sich selbst gestorben sind, werden in die Welt der Toten aufgenommen. Gefühl, Weisheit, Großzügigkeit und Genialität gehören zur Zahl 9.

Als Letztes haben wir die 0 (null), das ist die Ewigkeit, der universelle Geist des Lebens.

In der Kabbala muss man mit allen Zahlen arbeiten. Die Zahl ist heilig, ist unendlich, ist ewig.

Die sieben Gemeinden der Apokalypse des Heiligen Johannes und ihr Bezug zum Lebensbaum der Kabbala

Die erste Gemeinde, Ephesus, oder das Chakra Muladhara hat vier wunderbare Blütenblätter, die sich im Steißbein befinden. Das Steißbein ist der unterste Knochen der Wirbelsäule. (Alles über die sieben Gemeinden oder Chakras kann man in den folgenden Büchern finden: *Die Botschaft des Wassermanns*, *Die Mysterien des Feuers*).

Die zweite Gemeinde, Smyrna, die Prostata (bei der Frau der Uterus) oder das Chakra Swadhisthana liegt in Höhe der Prostata. Die alten Magier, die Perser, die Ägypter, gaben der Prostata eine große Bedeutung.

Der Buchstabe, der sie vibrieren lässt, ist das *M.* Er wird mit geschlossenen Lippen gesungen, indem der Ton erhoben und gesenkt wird; er ist von einzigartiger Macht und wird von den Magiern benutzt. Die dritte Gemeinde, Pergamon, der Nabel oder das Chakra Manipura liegt im Solarplexus.

Das Chakra hat zehn Blütenblätter, fünf aktive im ätherischen Körper, fünf latente im telepathischen Zentrum. Hier befindet sich der emotionale Verstand und wenn das Chakra sich entwickelt, erlangt man die Telepathie.

Die vierte Gemeinde, Thyatira ist das Herz oder das Chakra Anahata. Es befindet sich im Herzen und ist eine Lotosblüte mit zwölf Blütenblättern, die feurig im Astrallicht erstrahlen.

Es ist gut, es zu entwickeln, um willentlich den Körper zu verlassen und wieder zurückzukehren; es erleichtert auch die Reisen mit dem Körper aus Fleisch und Blut innerhalb der vierten Dimension im Jinas-Zustand.

Die fünfte Gemeinde, Sardis, befindet sich in der Schilddrüse. Das ist das Chakra Vishuddha, das Kehlkopfchakra mit sechzehn Blütenblättern, das uns die Hellhörigkeit verleiht. Die sechste Gemeinde, Philadelphia, ist das Chakra Ajna oder das Stirnchakra. Es hat zwei Blütenblätter, befindet sich zwischen den Augenbrauen im Zentrum der Hellsichtigkeit. Mit ihm kann man die Aura der Menschen und die höheren Welten sehen.

Die siebte Gemeinde, Laodizea ist der König der Chakren, das Sahasrara. Dieses Chakra hat 1000 Blütenblätter, es ist das Zentrum der Vielsichtigkeit, das Zentrum der Intuition, das diamantene Auge.

Zusammen mit dem Aufstieg von Kundalini entlang der Wirbelsäule durch das Brahama Nadi wird jedes Einzelne der Chakras der Nadi Chitra erweckt.

Die feurige Schlange ist in der Kabbala mit dem gesamten kabbalistischen Baum verbunden. Was benötigt man, um die Chakras zu öffnen?

In der ersten Gemeinde von Ephesus liegt der Schlüssel vor allem in der Tugend der Geduld. Um die schöpferische Energie zu beherrschen, braucht man die Geduld des heiligen Hiob. Luzifer ist die Leiter um abzusteigen und Luzifer ist die Leiter um aufzusteigen. In der zweiten Gemeinde, Smyrna, ist die Tugend die Keuschheit.

Das dritte Chakra ist das Nabelzentrum oder das Zentrum der Emotionen. Die notwendige Tugend ist hier die Beherrschung der Gefühle, das Auslöschen der Begierden, der Leidenschaften wie Gefräßigkeit, Trunksucht, usw. Man muss sich mäßigen, man darf sich nicht von den Gefühlen überwältigen lassen.

Das vierte Chakra ist das des Herzens; es ist das Zentrum der Liebe. Man muss zu lieben wissen, nicht hassen. Das Fundament ist die Liebe.

Die fünfte Gemeinde ist Sardis; sie ist mit dem Intellekt, dem Verstand, verbunden. Man muss vorsichtig mit dem Wort sein. Gerechtes Denken und gerechtes Wort, gerechte Handlung, richtig denken, richtig fühlen, richtig handeln. Auf den Verstand und das Wort zu achten heißt, *es ist ebenso schlecht zu sprechen, wenn man schweigen sollte, wie zu schweigen, wenn man sprechen sollte.*

Manchmal ist es ein Vergehen zu sprechen und manchmal ist es ein Vergehen zu schweigen. Es gibt verbrecherisches Schweigen. In der sechsten Gemeinde ist es notwendig, Gelassenheit zu haben, um die Hellsichtigkeit zu erlangen. Um in den inneren Welten sehen zu können, darf man sich nicht vom Zorn leiten lassen, weil er das Stirnchakra zerstört. Deshalb ist Gelassenheit erforderlich.

Für die Entwicklung der siebten Gemeinde braucht man höchste Hingabe, vollkommene Heiligkeit und Willen. Die Tugenden und Eigenschaften stehen in Beziehung zum kabbalistischen Baum mit seinen zehn Zahlen und sie sind verbunden mit den sieben Gemeinden.

Die Kabbala und das Geburtsdatum

Wir werden nun mit Mathematik fortfahren, unser ganzes Leben entwickelt sich durch die Mathematik. Das Gesetz des Karmas entwickelt sich in Zahlen.

Beispiel 1

Eduardo del Portillo. Geburtsdatum, 1932. Zum Geburtsdatum wird dasselbe Jahr addiert.

1932
  1
  9
  3
__2
1947 = 1 + 9 + 4 + 7 = 21 (siehe Arkanum Nummer 21)
21 = 2 + 1 = 3 (siehe Arkanum Nummer 3)

1947
  1
  9
  4
__7
1968 = 1 + 9 + 6 + 8 = 24 (siehe Arkanum Nummer 24)
24 = 2 + 4 = 6 (der Verliebte; er lernte seine Verlobte 1968 kennen.)

1968
  1
  9
  6
__8
1992 = 1 + 9 + 9 + 2 = 21 (siehe Arkanum Nummer 21)
21 = 2 + 1 = 3 Das steht für einen spirituellen und wirtschaftlichen Triumph. Dieses Jahr wird nicht in Vergessenheit geraten.

Beispiel 2

Arturo Aguirre. Geburtsdatum, 1937

1937
1
9
3
7

1957 = 1 + 9 + 3 + 7 = 22 = 2 + 2 = 4 Erfolg auf materieller Ebene.

1957
1
9
5
7

1979 = 1 + 9 + 7 + 9 = 26 = 2 + 6 = 8 Leiden und Prüfungen; man muss die Geduld von Hiob haben.

Beispiel 3

Luis Perez, Jahr 1920.

1920
1
9
2
0

1932 = 1 + 9 + 3 + 2 = 15 = 1 + 5 = 6

6: Herzensleid, Gefühl; die 6 ist verbunden mit dem moralischen Aspekt. In diesem Jahr starb sein Vater und das war sehr schwerwiegend.

1932
1
9
3
2

1947 = 1 + 9 + 4 + 7 = 21 = 2 + 1 = 3

3: materieller und spiritueller Gewinn.

1947
1
9
4
7

1968 = 1 + 9 + 6 + 8 = 24 Die Weberin; er wird in seinem eigenen Netz gefangen; Leiden, die er noch nicht hinter sich gelassen hat.

24 = 2 + 4 = 6 Der Verliebte.

Beispiel 4

Nicholas Naranjo, Jahr 1946.

1946
1
9
4
6

1966 = 1+ 9 + 6 + 6 = 22 = 2 + 2 = 4 Erfolg, weil er die Gnosis kennengelernt hat.

1966
1
9
6
6

1988 = 1 + 9 + 8 + 8 = 26 = 2 + 6 = 8 Er wird weiterhin mit Erfolg arbeiten.

Der innere Drang

Der innere Drang wird ausgerechnet, indem man das Geburtsdatum, den Tag, den Monat und das Jahr zusammenzählt.

Beispiel 1

Victor Manuel Chavez. 17. November 1921

Tag 17 = 1 + 7 = 8
Monat 11 = 1 + 1 = 2
Jahr 1921 = 1 + 9 + 2 + 1 = 1 + 3 = 4

Tag 8
Monat 2
Jahr 4

14 = 1 + 4 = 5. Das Arkanum 5 des Tarot ist die Strenge, das Studium, die Wissenschaft, die Analyse, die Forschung, der Intellekt. Dieser innere Drang macht ihn intellektuell.

Beispiel 2

Herr Rodriguez: 5. Juni 1905

Tag 5
Monat 6
Jahr 1905 = 1 + 9 + 0 + 5 = 15
15 = 1 + 5 = 6

Tag 5
Monat 6
Jahr 6
17 = 1 + 7 = 8

Die 8 macht uns geduldig, passiv, tatkräftig, gerecht, rechtschaffen. Es gab Leid, Kämpfe, Lernen; er musste viele Prüfungen bestehen.

Beispiel 3

Eduardo de Portillo: 5. Juli 1932

Tag 5
Monat 7
Jahr 1932 = 1 + 9 + 3 + 2 = 15
1 + 5 = 6

Tag 5
Monat 7
Jahr 6
18 = 8 + 1 = 9. Die neunte Sphäre. Der Eremit in der Mitte von allen, das Licht suchend, er wird große, geniale Werke erschaffen. Die Entwicklung einer gewaltigen Energie hat ihn zu einem Eremiten auf dem Weg des Lebens gemacht.

Die grundlegende Tendenz

Die grundlegende Tendenz ist der innere Drang plus die kabbalistische Summe der Anzahl der Buchstaben des ganzen Namens.

Beispiel 1

Victor Manuel Chavez Caballero

Innerer Drang: 5

Victor	Manuel	Chavez	Caballero
123456	123456	123456	1234567
6	6	6	9

6 + 6 + 6 + 9 = 27
2 + 7 = 9

9 + 5 (innerer Drang) =14

14 = 1 + 4 = 5 (Grundlegende Tendenz)

Beispiel 2

Frederico Lauro Arce Herdia
Innerer Drang: 8

Frederico	Lauro	Arce	Heredia
12345678	12345	1234	1234567
8	5	4	7

8 + 5 + 4 + 7 = 24 = 2 + 4 = 6

6 + 8 (innerer Drang) = 14

14 = 1 + 4 = 5 (grundlegende Tendenz : er verbringt sein Leben denkend, überlegend, analysierend.)

Beispiel 3

Margarita Garcia Sancho Fernandez
Innerer Drang: 5

Margarita	Garcia	Sancho	Fernandez
123456789	123456	123456	123456789
9	6	6	9

9 + 6 + 6 + 9 = 30
30 = 3 + 0 = 3

3 + 5 (innerer Drang) = 8 (grundlegende Tendenz: Prüfungen und Leiden, die Zahl der Besinnung, der Ratschläge, des Verständnisses, der Analyse, der Geduld, der Prüfungen.)

Die Tendenz des Tages

Die Tendenz des Tages wird berechnet, indem man der grundlegenden Tendenz die kabbalistische Summe des ausgewählten Datums hinzufügt. Anhand dieses Systems weiß man, wie sich die Dinge entwickeln werden, damit man weiß, wie man an diesem Tag handeln soll.

Beispiel 1

Victor Manuel Chavez:
Tag: 30. April 1969
Grundlegende Tendenz: 5
Tag 30 = 3 + 0 = 3
Monat 4
Jahr 1969 = 1 + 9 + 6 + 9 = 25
25 = 2 + 5 = 7
Tag 3
Monat 4
Jahr 7
14 = 1 + 4 = 5

5 + 5 (grundlegende Tendenz) = 10
10 = 1 + 0 = 1 Tendenz des Tages am 30.04.1969

Die 10 ist das Rad des Schicksals, Veränderungen.

Die 1 ist Initiative, das was beginnt, was anfängt, die Originalität, die Anstrengung.

Beispiel 2

Herr Guillermo Hickie: Tendenz für 1.5.1969, grundlegende Tendenz 8
Tag 1
Monat 5
Jahr 1969 = 1 + 9 + 6 + 9 = 25

25 = 2 + 5 = 7
Tag 1
Monat 5
Jahr 7

8 Tónica Fundamental + 4 = 12
13 = 1 + 3 = 4
4 + 8 (grundlegende Tendenz) = 12
12 = 1 + 2 = 3 Tendenz des Tages am 1.5.1969

Die 3 ist künstlerisch, die drei ursprünglichen Kräfte, materieller und spiritueller Gewinn. Gewinn, Vervielfältigung, Schönheit, der Erschaffer, Harmonie, Kunst.

Beispiel 3

Herr Gil: Tendenz des 27. Juli 1969
Grundlegende Tendenz: 3
Tag 27 = 2 + 7 = 9
Monat 7
Jahr 1969 1 + 9 + 6 + 9 =25 => 2 + 5 =7
Tag 9
Monat 7
Jahr 7

3 Tónica Fundamental + 5 = 8
23 = 2 + 3 = 5
5 + 3 (grundlegende Tendenz) = 8
8: Tendenz des Tages am 27.07.1969

Die 8 bedeutet Prüfungen, Leiden, man muss mehr Geduld aufbringen, Kooperationsbereitschaft, zu warten wissen, Nachdenken, Ernsthaftigkeit der Gedanken, das Unterscheiden zwischen dem Nützlichsten und dem Wertlosesten, zwischen dem, was ist, und dem, was nicht ist. Nicht ohne Sinn und Verstand handeln, das Für und Wider mit Geduld überprüfen. Man muss jede Zahl der Kabbala eingehend studieren.

Das Ereignis des Tages

Man muss die Stunde des Tages oder der Nacht richtig wählen, um jede Tätigkeit des Lebens erfolgreich umzusetzen.

Man kann eine bestimmte Stunde, einen Tag, einen Monat, ein Jahr für persönliche Angelegenheiten wählen. Wir gehen hier nicht konventionell vor, zum Beispiel sollte man nicht mit 21:00 Uhr rechen, sondern mit 9:00 Uhr.

Beispiel 1

Victor Manuel Chavez:

Geburtsdatum: 17.11.1921
Innerer Drang: 5
Grundlegende Tendenz: 5
Das Datum, das untersucht werden soll: 14. Mai 1969
Zeit des Geschehens: 9 Uhr vormittags

Tag: 14 = 1 + 4 = 5
Monat: 5
Jahr: 1969 = 1 + 9 + 6 + 9 = 25
2 + 5= 7

Tag: 5
Monat: 5
Jahr: 7
17 = 1 + 7 = 8

8 + 5 (grundlegende Tendenz) = 13
13 = 1 + 3 = 4 (Tendenz des Tages 14.5.1969)

Mit der 4 muss man die Geschäfte abwägen, die Details jeder Unternehmung.

Die wichtigste Stunde dieses Tages war 9 Uhr am Morgen.

4 (Tendenz des Tages) + 9 (Stunde des Tages) = 13

13 = 1 + 3 = 4 Ereignis des Tages

In dieser Stunde musste er eine Angelegenheit bezüglich seiner Arbeit erledigen und diese ging gut aus. Die 4 ist das Fundament, es bedeutet die Angelegenheit abwägen zu wissen.

Beispiel 2

Frau Margarita Sancho Fernandez, Geburtsdatum: 4. November 1943
Innerer Drang: 5
Grundlegende Tendenz: 8
Das zu untersuchende Datum: 13. Juni 1969

Tag 13 = 1 + 3 = 4
Monat 6
Jahr 1969 = 1 + 9 + 6 + 9 = 25
2 + 5 = 7
Tag 4
Monat 6
Jahr 7
17 = 1 + 7 = 8

8 + 8 (grundlegende Tendenz) = 16
1 + 6 = 7 Tendenz des Tages 13.6.1969

Man muss kämpfen, um nicht zu fallen, die Energie muss weise gelenkt werden, man muss kämpfen, um sich zu erheben.

Die 16 ist der eingestürzte Turm.
Das Ereignis des Tages findet um 11 Uhr nachts statt.

11 = 1 + 1 = 2

7 (Tendenz des Tages) + 2 (Stunde des Tages) = 9
9 = Geschehen des Tages.

Ihr Ereignis des Tages ist die Arbeit in der neunten Sphäre.

Ich muss vielen Kabbalisten in Hinsicht auf die Stunden widersprechen, weil sie glauben, dass der innere Drang von bestimmten Planeten zu bestimmten Stunden beherrscht wird. Wir müssen aber berücksichtigen, dass die Ordnung des Kalenders verändert wurde, weil es so für die Priester zweckmäßiger war. Der Kalender von heute ist verfälscht. Die Priester des Mittelalters veränderten ihn, um den Sonntag zum siebten Tag zu machen. Der wahre Kalender ist:

Gegenwärtige authentische Astrologie		
Aktuell	*Real*	*Astrologisch*
Sonntag	Montag	Mond
Montag	Mittwoch	Merkur
Dienstag	Freitag	Venus
Mittwoch	Sonntag	Sonne
Donnerstag	Dienstag	Mars
Freitag	Donnerstag	Jupiter
Samstag	Samstag	Saturbn

Das ist die älteste Ordnung, weil es die Ordnung der Welten im Sonnensystem ist.

Wenn die Kabbalisten diesen verfälschten Kalender verwenden und einen Tag und eine Stunde wählen, für eine bestimmte Handlung, dann ergibt das ein verfälschtes Resultat.

Die Mathematik an sich ist exakt.

Wir müssen lernen, die Stunden zu nutzen. Mit diesem System wird die Richtigkeit der Tatsachen bewiesen. Der Aspekt der Mathematik in der Kabbala ist sehr wichtig.

Die 22 Arkana auf die Stunden anzuwenden, ergibt eine echte Astral-Uhr.

Vorbereitung

Die höchste Form der Hellsichtigkeit, die im Universum existiert, ist das Bewusstsein. Alle Avatare oder Botschafter der höheren Welten waren supra-bewusste Hellsichtige.

Hermes Trismegistos, Rama, Krishna, Buddha, Jesus Christus, usw. waren supra-bewusste Wesen, Botschafter der höheren Welten, Initiatoren neuer Zeitalter von historischer Evolution.

Vorstellungskraft, Inspiration und Intuition sind die drei obligatorischen Pfade der Einweihung. Wir werden jede dieser drei Stufen einzeln untersuchen.

Beginnen wir mit der Vorstellungskraft:

Sich etwas vorzustellen, bedeutet für den Weisen, es zu sehen. Die Vorstellungskraft ist die Durchlässigkeit der Seele. Es ist wichtig zu lernen, den Gedanken auf eine einzige Sache zu konzentrieren. Derjenige, der lernt, nur an eine einzige Sache zu denken, schafft damit Wunder. Ein Schüler, der die Erkenntnis der Vorstellungskraft erreichen möchte, muss lernen, sich zu konzentrieren und tief zu meditieren. Die beste Übung, um die Erkenntnis der Vorstellungskraft zu erreichen, ist die folgende:

Übung:

Vor einer Pflanze sitzend konzentrieren wir uns auf diese, bis wir alles andere vergessen.

Dann, mit geschlossenen Augen, schlafen wir ein, wobei wir in unserer Vorstellung die Form und Gestalt der Pflanze, ihre Struktur, ihren Duft und ihre Farbe bewahren.

Der Schüler stelle sich die lebendigen Zellen der Pflanze vor. Der Schüler muss während dieser Übungen den Schlaf hervorrufen.

Der schlafende Schüler meditiere tief über die innere Beschaffenheit der Pflanze, die aus Protoplasma, Membranen und Zellkernen besteht. Das Protoplasma ist eine zähflüssige, elastische und durchsichtige Substanz, sehr ähnlich dem Eiweiß (eiweißhaltige Materie).

Der schlafende Schüler soll über die vier grundlegenden Elemente des Protoplasmas der pflanzlichen Zelle reflektieren. Diese vier Elemente sind: Kohlenstoff, Sauerstoff, Wasserstoff und Stickstoff. Die Membran ist eine wunderbare farblose Substanz, die im Wasser vollkommen unlöslich ist.

Diese Substanz ist die berühmte Zellulose.

Der konzentrierte Schüler stelle sich den Zellkern als ein kleines Teilchen vor, in dem das große universelle Leben pulsiert. Innerhalb des Zellkerns befinden sich die Chromatinfäden, die Zellflüssigkeit und die von der Kernmembran eingehüllten Kernkörperchen. Die Kernkörperchen sind Teilchen voller Glanz und Schönheit, Überbleibsel aus den unaufhörlichen Reaktionen des pflanzlichen Organismus.

Der konzentrierte Schüler soll sich mit vollkommener logischer Präzision all diese mineralischen Substanzen und organischen Verbindungen vorstellen, die sich auf harmonische Weise im zellulären Protoplasma der Pflanze entwickeln. Denkt an die Stärkekörner und an das wunderbare Chlorophyll, ohne das keine perfekte organische Synthese möglich wäre.

Das Chlorophyll zeigt sich in körniger Form (Chloroleuciten) und in einer sehr schönen gelben Farbe (Xanthophylle).

Letztere nimmt unter den Strahlen der Sonne das prächtige Grün der Pflanze an.

Jede Pflanze stellt eine perfekte zelluläre Gemeinschaft von unschätzbarer Vollkommenheit dar. Der Schüler soll über die Vollkommenheit der Pflanze und über all ihre wissenschaftlichen Prozesse meditieren, erfüllt von einer mystischen Glückseligkeit und verzaubert von so viel Schönheit.

Das mystische Wesen begeistert sich, indem es sich aller Phänomene der Ernährung, der Verbindung und der Reproduktion jeder einzelnen Pflanzenzelle erinnert. Betrachten wir den Kelch der Blume, dort befinden sich ihre Sexualorgane, dort befindet sich der Pollen, das männliche Element der Fortpflanzung.

Dort befindet sich der Stempel oder Gynoeceum, das wertvolle weibliche Organ mit seinem Eierstock, seinem Griffel und seiner Narbe. Der Eierstock ist ein mit wundervollen Eizellen angefüllter Sack. In Verbindung mit dem Stempel können die Staubgefäße verschiedene

Positionen einnehmen: Befruchtung durch den unteren Teil des Eierstocks, um den Eierstock herum oder durch den oberen Teil desselben.

Die Befruchtung vollzieht sich mithilfe der weiblichen Geschlechtszelle und der männlichen Keimzellen.

Der Pollen, die männliche Keimzelle, erreicht nach dem Austritt aus dem Staubbeutel den Eierstock der Pflanze, wo er sehnsüchtig von der Eizelle, der weiblichen Geschlechtszelle, erwartet wird. D

er Samen ist die wertvolle und zauberhafte Eizelle, die sich nach ihrer Befruchtung verwandelt und heranwächst. Der Schüler erinnere sich nun in seine Meditation an den Zeitpunkt, da sie sprießt wie ein zartes Hälmchen. Er stelle sich vor, wie sie langsam wächst, bis er mit seiner Vorstellungskraft sieht, wie sie Zweige, Blätter und Blüten treibt.

Erinnern Sie sich daran, dass alles, was geboren wird, sterben muss. Stellen Sie sich nun den Sterbeprozess der Pflanze vor. Ihre Blüten welken, ihre Blätter vertrocknen und der Wind trägt sie davon; und am Ende bleiben nur noch einige trockene Hölzer übrig.

Dieser Prozess des Geborenwerdens und des Sterbens ist wundervoll. Wenn man über diesen gesamten Prozess des Geborenwerdens und des Sterbens einer Pflanze meditiert, wenn man hierbei eine perfekte Konzentration und einen tiefen Schlaf erreicht, dann drehen sich die Chakren des Astralkörpers, sie entwickeln und entfalten sich.

Die Meditation muss korrekt sein. Der Verstand muss genau sein. Man braucht das logische Denken und das genaue Konzept, damit sich die inneren Sinne absolut perfekt entwickeln. Jede Unstimmigkeit, jeder Mangel an Logik oder Gleichgewicht blockiert und schadet der Evolution und der Weiterentwicklung der Chakren, Scheiben oder Lotusblüten des Astralkörpers.

Der Schüler braucht viel Geduld, Willenskraft, Hartnäckigkeit und einen absolut bewussten Glauben. Eines Tages taucht im Schlaf, während der Meditation, ein fernes Bild auf, eine Landschaft der Natur, ein Gesicht, usw.

Dies ist das Zeichen, dass er Fortschritte macht.

Der Schüler steigt nach und nach zur imaginativen Erkenntnis auf. Der Schüler lüftet nach und nach den Schleier der Isis. Eines Tages verschwindet die Pflanze, über die er meditiert und dann sieht er ein schönes Kind, welches den Platz der Pflanze einnimmt. Dieses Kind ist das Elementarwesen der Pflanze. Die Seele der Pflanze. Später, während des Schlafes, erwacht sein Bewusstsein und dann kann er sagen: „Ich befinde mich im Astralkörper."

Das Bewusstsein erwacht nach und nach. Durch diesen Weg kommt der Moment, an dem der Schüler das fortdauernde Bewusstsein erreicht hat.

Wenn sich der Schüler eines fortdauernden Bewusstseins erfreut, träumt er nicht mehr, er kann nicht mehr träumen, denn sein Bewusstsein ist erwacht. Auch wenn sein Körper schläft, bewegt er sich nun bewusst in den höheren Welten.

Die exakte Meditation weckt die inneren Sinne und bewirkt eine totale Verwandlung der inneren Körper. Derjenige, der das Bewusstsein erweckt, hat die imaginative Erkenntnis erreicht. Er bewegt sich in der Welt der symbolischen Bilder.

Jene Symbole, die er vorher träumend sah, sieht er nun, ohne zu träumen; vorher sah er sie mit schlafendem Bewusstsein, jetzt bewegt er sich zwischen ihnen mit einem wachsamen Bewusstsein, auch wenn sein Körper tief schläft.

Wenn er die imaginative Erkenntnis erreicht, sieht der Schüler die Symbole, versteht sie jedoch nicht. Er versteht, dass die gesamte Natur eine lebendige Schrift ist, die er nicht kennt. Er muss zur inspirierten Erkenntnis aufsteigen, um die heiligen Symbole der großen Natur zu interpretieren.

Inspiration

Studieren wir nun die Inspiration.

Die inspirierte Erkenntnis verleiht uns die Kraft, die Symbole der großen Natur zu interpretieren. Die Interpretation der Symbole ist sehr heikel. Viele Hellsichtige wurden zu Mördern oder begingen das Vergehen der öffentlichen Verleumdung, weil sie es nicht verstanden, die Symbole zu interpretieren.

Die Symbole müssen kühl und ohne Aberglaube, Bosheit, Misstrauen, Stolz, Eitelkeit, Fanatismus, Vorurteile, vorgefasste Meinungen, Hass, Neid, Habgier, Eifersucht, usw. analysiert werden. Alle Defekte sind das *Ich*, das *Mich selbst*, das reinkarnierende *Ich*. Wenn sich das *Ich* einmischt, indem es übersetzt, Symbole interpretiert, dann verändert es die Bedeutung der geheimen Schrift und der Hellsichtige verfällt in das Vergehen, das ihn ins Gefängnis bringen kann. Die Interpretation muss außerordentlich analytisch, hochgradig wissenschaftlich und essenziell mystisch sein.

Man muss lernen, in Abwesenheit des *Ichs*, des *Mich selbst*, zu sehen und zu interpretieren. Vielen Mystikern kommt es seltsam vor, dass wir, die Brüder der universellen gnostischen Bewegung, von der göttlichen Hellsichtigkeit sprechen, mit dem Strafgesetzbuch in der Hand.

Diejenigen, die so denken, halten die Spiritualität für etwas, das in keinem Zusammenhang zum täglichen Leben steht. Diese Personen gehen fehl, sie irren sich, sie verkennen, dass das, was jede Seele in den höheren Welten ist, das genaue Resultat des täglichen Lebens ist, welches wir alle in diesem Tal der Tränen führen.

Wenn unsere Worte, Gedanken und Handlungen nicht gerecht sind, dann erscheint das Resultat in den höheren Welten, und das Gesetz bricht über uns herein. Gesetz ist Gesetz, die Unkenntnis des Gesetzes schützt nicht vor den Folgen.

Die größte Sünde ist die Unwissenheit. Den Unwissenden zu lehren ist ein Werk der Barmherzigkeit. Auf den hellsichtigen Menschen lastet die gesamte schreckliche Verantwortung des Gesetzes. Man muss es verstehen, die Symbole der großen Natur in absoluter Abwesenheit des *Ichs* zu interpretieren.

Indes muss man die Selbstkritik vervielfachen, denn wenn das *Ich* des Hellsichtigen glaubt, es wisse viel, dann hält es sich selbst für unfehlbar, allwissend, weise, und nimmt sogar an, es interpretiere in Abwesenheit des *Ichs*.

Diese Art der Hellsichtigkeit verstärkt das *Ich* so sehr, dass diese Hellsichtigen sich in schrecklich perverse Dämonen verwandeln. Wenn ein Hellsichtiger dieser Art seinen eigenen inneren Gott sieht, so deutet er die Vision nach seinem finsteren Kriterium und ruft aus: *Es steht sehr gut um mich.*

Man muss es zu interpretieren verstehen, und sich dabei auf das Gesetz der philosophischen Analogien, das Gesetz der Entsprechungen und der numerischen Kabbala stützen.

Wir empfehlen „Die mystische Kabbala“ von Dion Fortune. Dieses Buch ist wundervoll, studieren Sie es. Derjenige, der Hassgefühle, Ressentiments, Eifersucht, Neid, Stolz, usw., in sich trägt, schafft es nicht, bis zur zweiten Stufe emporzusteigen, die die inspirierte Erkenntnis genannt wird.

Wenn wir zur inspirierten Erkenntnis aufsteigen, dann begreifen und verstehen wir, dass eine zufällige Anhäufung von Objekten nicht existiert. In der Tat sind alle Phänomene der Natur und alle Objekte innerlich organisch miteinander verbunden; sie hängen innerlich voneinander ab und bedingen sich gegenseitig. Es kann wirklich kein Phänomen der Natur vollständig verstanden werden, wenn man es isoliert betrachtet.

Alles ist in unaufhörlicher Bewegung, alles verändert sich, nichts ist ruhig. In jedem Objekt existiert der innere Kampf. Das Objekt ist positiv und negativ zugleich. Die Quantität verwandelt sich in Qualität. Die Evolution ist ein Prozess der zunehmenden Komplexität der Energie.

Das inspirierte Wissen erlaubt uns, das gegenseitige Verhältnis zwischen allem, was ist, war und sein wird, kennenzulernen. Die Materie ist nichts weiter als verdichtete Energie. Die unendlichen Veränderungen der Energie sind sowohl dem historischen als auch dem dialektischen Materialismus vollkommen unbekannt. Energie entspricht Masse mal Lichtgeschwindigkeit zum Quadrat.

Wir Gnostiker distanzieren uns vom Kampf der Antithesen, der zwischen der Metaphysik und dem dialektischen Materialismus existiert. Dies sind die beiden Pole der Unwissenheit, die beiden Antithesen des Irrtums.

Wir gehen einen anderen Weg. Wir sind Gnostiker. Wir betrachten das Leben als vollständiges Ganzes.

Das Objekt ist ein Punkt im Weltraum, der als Vehikel für bestimmte Summen von Werten dient. Die inspirierte Erkenntnis erlaubt uns, die innere Verbindung zwischen allen Formen und Werten der großen Natur zu studieren.

Der dialektische Materialismus kennt die Werte nicht, er studiert lediglich das Objekt. Die Metaphysik kennt weder die Werte noch das Objekt. Wir Gnostiker distanzieren uns von den beiden Antithesen der Unwissenheit und studieren den Menschen und die Natur als Gesamtheit. Das Leben ist bestimmte und bestimmende Energie.

Das Leben ist Subjekt und Objekt zugleich. Der Schüler, der die inspirierte Erkenntnis erreichen möchte, muss sich intensiv auf die Musik konzentrieren.

Die „Zauberflöte“ von Mozart erinnert uns an eine ägyptische Einweihung. Die neun Sinfonien von Beethoven und viele andere große klassische Kompositionen erheben uns in die höheren Welten.

Der Schüler, der tief auf die Musik konzentriert ist, muss sich in ihr erkennen, wie die Biene im Honig, dem Produkt all ihrer Arbeit. Wenn der Schüler bereits die inspirierte Erkenntnis erreicht hat, soll er sich auf die intuitive Erkenntnis vorbereiten.

Intuition

Die Welt der Intuitionen ist die Welt der Mathematik. Der Schüler, der zur Welt der Intuition aufsteigen möchte, muss Mathematiker sein, oder zumindest eine Ahnung von Arithmetik haben.

Die mathematischen Formeln entsprechen der intuitiven Erkenntnis.

Der Schüler soll sich auf eine mathematische Formel konzentrieren und tief über sie meditieren. Danach soll er den Verstand leeren und darauf warten, dass das innere Sein ihn das inhaltliche Konzept lehrt, welches in der mathematischen Formel eingeschlossen ist.

Als zum Beispiel Kepler sein berühmtes Prinzip, dass *die Quadrate der Umlaufzeiten der Planeten um die Sonne sich untereinander so verhalten wie die Kubikzahl ihrer Abstände* veröffentlichte, existierte die Formel bereits, sie war im Sonnensystem enthalten, auch wenn die Weisen sie nicht kannten.

Der Schüler kann sich mental auf diese Formel konzentrieren, seinen Verstand leeren, mit leerem Verstand einschlafen und darauf warten, dass sein eigenes inneres Sein ihm die wunderbaren Geheimnisse enthüllt, die in Keplers Formel verborgen sind.

Die Formel von Newton über die universelle Schwerkraft kann uns ebenso dienen, um uns in der Einweihung zu üben. Diese Formel lautet wie folgt: *Die Körper ziehen sich untereinander entsprechend ihrer Masse an und umgekehrt proportional zum Quadrat ihrer Abstände.*

Wenn der Schüler hartnäckig und mit größter Geduld übt, wird ihn sein eigenes inneres Sein in das Werk unterweisen oder ihn lehren. Alsdann wird er zu Füßen des Meisters studieren; er wird zur intuitiven Erkenntnis aufsteigen.

Imagination, Inspiration und Intuition sind die drei obligatorischen Wege der Einweihung. Derjenige, der die drei Stufen der direkten Erkenntnis erklommen hat, hat das Supra-Bewusstsein erreicht. In der Welt der Intuition finden wir nur Allwissenheit. Die Welt der Intuition ist die Welt des Seins, sie ist die Welt des Innersten.

In diese Welt kann das *Ich*, das *Mich Selbst*, das *Ego*, nicht eintreten.

Die Welt der Intuition ist der universelle Geist des Lebens. Die Welt der imaginativen Erkenntnis ist eine Welt der symbolischen Bilder.

Die Inspiration verleiht uns die Macht, die Symbole zu interpretieren. In der Welt der Intuition sehen wir das große kosmische Theater und wir sind die Zuschauer. Wir wohnen dem großen Drama des Lebens bei.

In dieser Welt reduziert sich das ganze Drama, welches das kosmische Schauspiel repräsentiert, auf schreckliche arithmetische Operationen. Dies ist das Amphitheater der kosmischen Wissenschaft.

Dieser Bereich der Mathematik zeigt uns, dass physische Massen existieren, die sich oberhalb und unterhalb der Grenzen der Wahrnehmung der äußeren Sinne befinden. Diese Massen sind unsichtbar; nur mit der Hellsichtigkeit können sie wahrgenommen werden.

Die Materie ist verdichtete Energie. Wenn die Schwingung sehr langsam ist, befindet sich die Masse unterhalb der Grenzen der Wahrnehmung der äußeren Sinne. Wenn die Schwingung sehr schnell ist, befindet sich die Masse oberhalb der Grenzen der Wahrnehmung der äußeren Sinne. Mit dem Teleskop können wir Welten sehen, deren Grad der Schwingung innerhalb der Grenzen der äußeren Wahrnehmung aktiv ist.

Oberhalb und unterhalb der Grenzen der Wahrnehmung der äußeren Sinne existieren Welten, Sonnensysteme und Konstellationen, die mit allen Arten von lebendigen Wesen bevölkert sind.

Die sogenannte Materie ist Energie, die sich zu unendlichen Massen verdichtet. Die Sinne der äußeren Wahrnehmung können nur sehr wenig wahrnehmen.

Der dialektische Materialismus und die Metaphysik sind heutzutage unzeitgemäß und antiquiert. Wir, die Brüder der gnostischen Bewegung, gehen einen anderen Weg.

Es ist dringend notwendig, dass die Wissenschaftler die Abhandlung der Geheimwissenschaft von Dr. Rudolf Steiner studieren, dem großen ungarischen Mediziner, der 1861 geboren wurde. Er war Freund und Schüler von Nietzsche und Ernst Haeckel, Gründer der anthroposophischen Gesellschaft.

Es ist unabdingbar, dass jene Liebhaber der Wissenschaft gründlich die wunderbare östliche Weisheit erforschen, die wie ein Fluss aus Gold in die unsterblichen Seiten der „Geheimlehre" eingeflossen ist.

Dieses Werk besteht aus vier Bänden und ist ein Monument der archaischen Weisheit. Die große Meisterin H. P. B. ist die geniale Autorin dieses wertvollen Schatzes der antiken Weisheit.

Diejenigen, die das Supra-Bewusstsein erreichen, verwandeln sich in wahre erleuchtete Hellsichtige. Kein wahrer Hellsichtiger prahlt mit seinen Fähigkeiten.

Kein legitimer Hellsichtiger sagt, dass er hellsichtig ist. Wenn ein wahrhaftiger Hellsichtiger etwas Wichtiges sieht, gibt er sein Konzept mit höchstem Anstand und Respekt an seinen Nächsten weiter. Niemals sagt er: *Ich sehe.*

Er sagt immer: *Wir meinen, wir haben gelernt.* Daher kommt es, dass all jene, die die unaussprechlichen Gipfel des Supra-Bewusstseins erreicht haben, sich durch ihre Ehrenhaftigkeit, ihre Demut und Bescheidenheit auszeichnen. Lesen Sie *Kundalini Yoga* von Shivananda. Meditieren Sie über die anbetungswürdige weiße Loge. Erforschen Sie die gnostischen Schätze.

Meditieren Sie über die tiefe Symbolik, die in jedem einzelnen der Arkana des Tarot enthalten ist. Diejenigen, die die Höhen des Supra-Bewusstseins erreichen, treten ins Amphitheater der kosmischen Wissenschaft ein.

Der dreifache Weg der Wissenschaft, der Philosophie und der revolutionären kosmischen Mystik führt uns zu den unbeschreiblichen Regionen des großen Lichtes.

Die Gnosis ist höchst wissenschaftlich, höchst philosophisch und transzendental mystisch.

Esoterische Disziplin des Verstandes

Die Meditation ist die esoterische Disziplin der Gnostiker.

Die Meditation beinhaltet drei Schritte: Konzentration, Meditation und Samadhi.

Konzentration bedeutet, den Verstand nur auf ein Objekt zu richten. Meditation bedeutet, über den substanziellen Inhalt dieses einen Objektes zu reflektieren. Samadhi ist Ekstase oder Verzückung.

Ein Meister des Samadhi durchdringt alle Ebenen des Bewusstseins und mit dem Auge des Dagma erforscht er alle Geheimnisse der Weisheit des Feuers.

Es ist dringend notwendig, dass unsere gnostischen Schüler lernen, ohne irgendwelche materiellen Vehikel zu arbeiten, damit sie all die Wunder des Universums mit dem Auge des Dagma wahrnehmen können.

So können unsere Schüler zu Meistern des Samadhi werden.

Der Schüler muss tief über seinen physischen Körper meditieren, während er im Bett liegt, mit über seiner Brust gekreuzten Armen. Er soll zu sich selbst sagen: *Ich bin nicht dieser physische Körper.*

Dann soll der Schüler tief über seinen ätherischen Körper meditieren und zu sich selbst sagen: *Ich bin nicht dieser ätherische Körper.*

Dann, tief in innere Meditation versunken, soll der Schüler über seinen Astralkörper reflektieren und sich sagen: *Ich bin nicht der Astralkörper.*

Der Schüler soll nun über seinen Mentalkörper meditieren und zu sich selbst sagen: *Ich bin auch nicht dieser Verstand, mit dem ich denke.*

Der Schüler soll dann über seine Willenskraft reflektieren und zu sich selbst sagen: *Ich bin auch nicht der Willenskörper.*

Der Schüler soll nun über sein Bewusstsein meditieren, und zu sich selbst sagen: *Ich bin auch nicht das Bewusstsein.*

Nun, zuletzt, versunken in tiefe Meditation, soll der Schüler mit seinem Herzen ausrufen: *Ich bin der Innerste, ich bin der Innerste, ich bin der Innerste.*

Wenn der Schüler außerhalb all seiner Vehikel ist, verwandelt er sich in eine Majestät des Unendlichen. Er wird dann sehen, dass er nicht zu denken braucht, weil die Weisheit des Innersten „Ja, Ja, Ja“ ist.

Der Schüler wird nun bemerken, dass die Handlung des Innersten „Ja, Ja, Ja“ ist. Der Schüler wird nun verstehen, dass die Natur des Innersten absolute Glückseligkeit ist, absolute Existenz und absolute Allwissenheit.

In diesen Augenblicken der höchsten Glückseligkeit verbinden sich Vergangenheit und Zukunft in einem ewigen Jetzt und die großen kosmischen Tage und die großen kosmischen Nächte finden nacheinander in einem ewigen Augenblick statt.

In dieser Fülle von Glückseligkeit können unsere Schüler all die Weisheit des Feuers innerhalb der lodernden Flammen des Universums studieren. So lernen unsere Schüler ohne irgendein materielles Vehikel zu arbeiten, um all die Geheimnisse der Magie der Elemente der Natur zu studieren.

Es ist notwendig, dass der Innerste lernt, sich zu entkleiden, um ohne Vehikel im großen Alaya der Welt zu funktionieren.

Konzentration, Meditation und Samadhi sind die drei obligatorischen Pfade der Einweihung.

Zuerst richten wir die Aufmerksamkeit auf den Körper, mit dem wir arbeiten wollen; dann meditieren wir über seine innere Konstitution und erfüllt mit Glückseligkeit sagen wir: *Ich bin nicht dieser Körper.*

Konzentration, Meditation und Samadhi müssen mit jedem Körper praktiziert werden.

Konzentration, Meditation und Samadhi sind im Osten als Samnyasin bekannt. Wir müssen es auf jedes unserer Vehikel anwenden.

Um uns jedes Einzelnen unserer niederen Vehikel zu entledigen, müssen wir ein Samnyasin auf jedes unserer Vehikel anwenden.

Die großen Asketen der Meditation sind die großen Samnyasin der kosmischen Erkenntnis, deren Flammen innerhalb der feurigen Rose des Universums lodern.

Um ein Samnyasin des Denkens zu sein, ist es notwendig, vollkommene Keuschheit, Ausdauer, Gelassenheit und Geduld erreicht zu haben.

Nach einer gewissen Zeit der Übung können unsere Schüler sich selbst von all ihren sechs Vehikeln befreien, um im großen Alaya des Universums zu funktionieren, ohne eine Art von Vehikel.

Der Schüler wird bemerken, dass seine Träume Tag für Tag klarer werden. Er wird dann verstehen, dass, wenn sein physischer Körper schläft, der innere Mensch reist, handelt und in den feinstofflichen Welten arbeitet.

Der Schüler wird nun verstehen, dass die sogenannten Träume lebendige Erfahrungen in den inneren Welten sind.

Unser Kopf ist ein Turm mit zwei Räumen, das Großhirn und das Kleinhirn.

Das Kleinhirn ist der Raum des Unterbewusstseins. Das Großhirn ist der Raum des Bewusstseins.

Die Weisheit der inneren Welten gehört zum Raum des Unterbewusstseins. Die Dinge unserer physischen Welt gehören zum Raum des Bewusstseins.

Wenn das Bewusstsein und das Unterbewusstsein sich verbinden, kann der Mensch alle Wunder der inneren Welten studieren und sie an das physische Gehirn weitergeben.

Es ist notwendig, dass unsere Schüler die zwei Räume dieses wunderbaren Turmes unseres Kopfes vereinen.

Der Schlüssel dafür ist die Übung des Rückblicks.

Wenn wir aus dem Schlaf erwachen, praktizieren wir die Übung des Rückblicks, um uns an alle Dinge zu erinnern, die wir sahen und hörten und an alle Arbeiten, die wir verrichtet haben, als wir außerhalb, weit weg von unserem physischen Körper waren.

So vereinen sich die zwei Räume des Bewusstseins und des Unterbewusstseins, um uns die große Erleuchtung zu bringen.

Es gibt keine falschen Träume. Jeder Traum ist eine lebendige Erfahrung in den inneren Welten.

Auch die sogenannten Albträume sind reale Erfahrungen, denn die Monster der Albträume existieren wirklich in den niederen Welten.

Verdauungsbeschwerden können bestimmte Chakras des Unterbauches in Aktivität versetzen und deshalb begeben wir uns in die eigenen atomaren Höllen des Menschen, in denen die schrecklichsten

Wesen des Universums wirklich existieren; das sind die sogenannten Albträume.

Die Bilder der feinstofflichen Welten sind vollkommen symbolisch. Wir müssen lernen, sie zu interpretieren, in dem wir uns auf das Gesetz der philosophischen Analogien gründen, auf das Gesetz der Analogien der Gegensätze, auf das Gesetz der Entsprechung, und auf das Gesetz der Numerologie.

Selbst die absurdesten Träume enthalten die größten Offenbarungen, wenn sie weise interpretiert werden.

Im Augenblick des Erwachens sollen unsere Schüler sich nicht bewegen, weil durch diese Bewegungen der Astralkörper erschüttert wird und die Erinnerungen verloren gehen.

Das Erste, was der Schüler tun sollte, nachdem er in seinem Bett erwacht ist, ist die Übung der Rückschau zu machen, um sich genau an alle inneren Erfahrungen zu erinnern.

So verbinden sich die beiden Räume des Bewusstseins und des Unterbewusstseins und die innere Weisheit erwacht.

Die Samnyasin der Gedanken erreichen das fortwährende Bewusstsein mit der feurigen Rose des Universums.

Es ist notwendig, die tiefste Gelassenheit zu erlangen. Es ist dringend notwendig, Geduld und Ausdauer zu entwickeln.

Man muss gleichgültig bleiben bei Lob und Tadel, bei Triumph und Niederlage.

Es ist notwendig, den Prozess des Denkens für die Schönheit des Verstehens zu opfern.

Es ist unerlässlich, eine Summe all unserer Defekte zu machen, und jedem Defekt zwei Monate zu widmen.

Wer beabsichtigt, alle Defekte zur selben Zeit zu eliminieren, gleicht einem Jäger, der zehn Hasen zu gleicher Zeit jagen will, er wird keinen Einzigen erlegen.

Um ein Meister des Samadhi zu werden, ist es dringend notwendig, ein reiches inneres Leben zu entwickeln.

Der Gnostiker, der nicht zu lächeln weiß, hat genau so wenig Selbstbeherrschung, wie derjenige, der nur das Gelächter des Aristophanes kennt.

Man muss die vollkommene Selbstbeherrschung erlangen. Ein Eingeweihter kann Freude fühlen, aber er wird nie in den Rausch des Wahnsinnes fallen. Ein Eingeweihter kann Traurigkeit fühlen, aber er wird niemals in Verzweiflung fallen.

Derjenige, der verzweifelt ist, über den Tod eines geliebten Wesens, taugt noch nicht zum Eingeweihten, denn der Tod ist die Krone von allem.

Während dieser Übung der Meditation beginnen die Chakras des Astralkörpers unseres Schülers zu arbeiten und der Schüler beginnt dann, Bilder aus den feinstofflichen Welten zu empfangen.

Am Anfang empfängt der Schüler nur flüchtige Bilder, später empfängt der Schüler alle Bilder der feinstofflichen Welten.

Diese erste Stufe der Erkenntnis gehört der imaginativen Erkenntnis an. Der Schüler betrachtet dann viele Bilder, die für ihn rätselhaft sind, weil er sie nicht versteht.

Aber indem er seine Übung der inneren Meditation fortsetzt, wird er fühlen, dass diese feinstofflichen Bilder in ihm bestimmte Gefühle der Freude oder des Leids erzeugen.

Der Schüler fühlt sich in der Gegenwart dieser inneren Bilder inspiriert und versteht die Verbindung, die zwischen verschiedenen Bildern besteht, also hat er sich zur inspirierten Erkenntnis erhoben.

Später, wenn er ein inneres Bild sieht, weiß er augenblicklich seine Bedeutung und die Antwort auf viele Dinge. Das ist die dritte Stufe des Wissens, bekannt als intuitive Erkenntnis.

Imagination, Inspiration und Intuition sind die drei obligatorischen Wege der Einweihung.

Wir erreichen diese drei unaussprechlichen Höhen durch Konzentration, Meditation und Samadhi.

Wer diese unaussprechlichen Höhen der Intuition erreicht hat, hat sich in einen Meister des Samadhi verwandelt.

Im östlichen Wissen praktiziert man die Meditation in der folgenden Reihenfolge: Erstens Asana (Haltung des Körpers). Zweitens Pratyahara (an nichts denken). Drittens Dharana (Konzentration auf nur eine Sache). Viertens Dhyana (tiefe Meditation). Fünftens Samadhi (Ekstase).

Es ist notwendig, den Körper in die bequemste Haltung zu bringen (Asana). Es ist unerlässlich, vor der Konzentration im Verstand eine Leere zu erreichen (Pratyahara). Es ist dringend notwendig, zu wissen, wie man den Verstand auf nur ein Objekt konzentriert (Dharana). Dann beginnen wir tief über den Inhalt des Objektes selbst zu reflektieren (Dhyana). Auf diesem Weg erreichen wir die Ekstase (Samadhi).

All diese esoterischen Disziplinen des Verstandes müssen unser tägliches Leben vollkommen durchdringen.

In Anwesenheit einer Person werden in unserem Inneren viele Bilder auftauchen, die mit dem inneren Leben dieser Person zu tun haben; das nennt sich Hellsichtigkeit.

Später erzeugen diese Bilder in uns verschiedene inspirierende Gefühle und der Schüler hat dann die Stufe der inspirierten Erkenntnis erreicht.

Schließlich weiß der Schüler in Gegenwart einer Person augenblicklich über deren Leben bescheid. Das ist die Stufe der intuitiven Erkenntnis.

Diejenigen, die die Weisheit des Feuers erreichen wollen, müssen den Prozess des Denkens beenden und die feurigen Fähigkeiten des Verstandes entwickeln.

Aus dem Verstand sollen wir nur die goldene Frucht extrahieren.

Die goldene Frucht des Verstandes ist das Verstehen.

Das Verstehen und die Imagination müssen den Verstand ersetzen.

Die Imagination und das Verstehen sind die Grundlage der höheren Fähigkeiten des Verstandes.

Um das Wissen der höheren Welten zu erreichen, ist es notwendig, die höheren Fähigkeiten des Verstandes zu entwickeln.

Diejenigen, die die Lehren der feurigen Rose studieren und weiterhin stur im Prozess des Denkens eingeschlossen bleiben, taugen nicht für die höheren Studien des Geistes, sie sind noch nicht reif dafür.

Hellsichtigkeit und Imagination sind das Gleiche. Hellsichtigkeit ist Imagination und Imagination ist Hellsichtigkeit. Hellsichtigkeit existiert ewig.

Wenn ein Bild in unserem Inneren auftaucht, ist es notwendig, es gelassen zu untersuchen, um den Inhalt zu erfahren.

Wenn die feurige Rose unseres Astralkörpers (zwischen den Augenbrauen) zu neuer Aktivität erwacht, dann werden die Bilder, die innerlich in unserer Imagination erscheinen, von Licht und Farbe begleitet.

Es ist notwendig, durch eigene Erfahrung zu lernen, wie man zwischen den Bildern unterscheidet, die wir empfangen und den Bildern, die wir bewusst oder unbewusst erschaffen oder projizieren.

Es ist notwendig, zwischen unseren eigenen Bildern und den äußeren Bildern, die uns erreichen, zu unterscheiden. Die Imagination hat zwei Pole, einen Empfänger und einen Projektor.

Ein Bild zu empfangen ist eine Sache, ein Bild zu projizieren, das von unserem Verstand geschaffen wurde, ist eine andere Sache.

Der entgegengesetzte Pol der Imagination ist die Einbildung. Die Imagination ist Hellsichtigkeit. Die Einbildung sind die absurden Bilder, die von einem Verstand voller Irrtümer erschaffen wurden.

Die Lehrer sollen nicht nur die Übungen an die Schüler weitergeben, um das Stirnchakra zu erwecken, sondern sie müssen sie auch lehren, wie man mit der Hellsichtigkeit umgeht.

Die Hellsichtigkeit ist die Imagination, deren Chakra zwischen den Augenbrauen sitzt.

Die Imagination ist transluzid, für den Weisen bedeutet Imagination Sehen.

Das Zeitalter des Denkens begann mit Aristoteles; es erreichte sein Höhepunkt mit Immanuel Kant und endet nun mit der Geburt des neuen Zeitalters des Wassermannes.

Die neue Ära des Wassermannes wird das Zeitalter der intuitiven Menschheit werden.

Wir müssen zu unterscheiden lernen zwischen dem Erschaffen eines Bildes mit dem Verstand und dem Erfassen eines Bildes, das in der feinstofflichen Welt schwebt.

Viele Leute würden sagen: *Wie ist es möglich, dass ich ein Bild erfasse, wenn ich nicht hellsichtig bin.*

Diesen Leuten würden wir antworten, dass die Imagination dasselbe ist wie Hellsichtigkeit und dass jedes menschliche Wesen mehr oder weniger imaginativ ist, d. h., mehr oder weniger hellsichtig.

Was den Studenten des Okkultismus am meisten geschadet hat, sind die falschen Konzepte, die über die Hellsichtigkeit existieren.

Die Schöpfer dieser falschen Konzepte sind die „Intellektuellen", die die Fähigkeiten der Imagination mit Verachtung betrachtet haben.

Da die Okkultisten sich gegen diese intellektuelle Verachtung verteidigen wollten, gaben sie der Imagination eine wissenschaftliche Richtung und bezeichneten sie als Hellsichtigkeit oder sechsten Sinn.

Diese Haltung der Okkultisten schadet ihnen selbst, weil sie sich selbst verwirrten. Jetzt haben die Okkultisten (die Opfer der Intellektuellen) einen schrecklichen Abgrund zwischen Hellsichtigkeit und Imagination aufgebaut.

Viele Leute fragen sich: *Wie kann ich Bilder empfangen, ohne hellsichtig zu sein?* Arme Leute! Sie wissen nicht, welchen Schatz sie besitzen. Sie ignorieren, dass die Imagination dasselbe ist wie die Hellsichtigkeit und dass jedes menschliche Wesen mehr oder weniger hellsichtig ist.

Die Okkultisten wollten die wunderbare Fähigkeit der Hellsichtigkeit in etwas Künstliches, Technisches und Schwieriges verwandeln.

Die Hellsichtigkeit ist die Imagination. Hellsichtigkeit ist die schönste, einfachste und reinste Blume der Spiritualität.

Wenn wir unsere verlorene Kindheit zurückerobern, werden all die Bilder, die unsere Imagination erreichen, von lebendigen astralen Farben begleitet.

Die Intellektuellen, die die Imagination verachten, begehen eine schwerwiegende Absurdität, weil alles, was in der Natur existiert, ein Kind der Imagination ist.

Ein Künstler, der ein Bild malt, ist ein großer Hellseher.

Man ist sprachlos vor Leonardo Da Vincis „Christus" oder Michelangelos „Madonna".

Der Künstler empfängt erhabene Bilder mit seiner Imagination (Hellsichtigkeit), die er dann auf die Leinwand oder seine Skulpturen überträgt.

Mozarts „Zauberflöte" erinnert uns an eine ägyptische Einweihung.

Wenn die göttliche Mutter der Welt den Menschen ein Spielzeug zur Unterhaltung geben möchte, hinterlegt sie es in die Imagination des

Erfinders. Auf diese Weisem haben wir das Radio, das Flugzeug, das Auto, usw. bekommen. Wenn die finsteren Bilder der niederen Welten von den Wissenschaftlern erfasst werden, werden sie in Kanonen, Maschinengewehre, Bomben, usw. verwandelt.

Deswegen ist die gesamte Welt mehr oder weniger hellsichtig und man darf die Imagination nicht verachten, weil alle Dinge Kinder der Imagination sind.

Es ist notwendig, zwischen den Leuten zu unterscheiden, die keine esoterische Schulung erhalten haben und denjenigen, die sich bereits den großen esoterischen Disziplinen unterworfen haben.

Die Imagination evolutioniert, entwickelt sich und entfalten sich innerhalb der feurigen Rose des Universums.

Jene, die bereits das magische Rad ihrer Stirn zum Rotieren gebracht haben, besitzen eine reiche und kraftvolle Imagination und alle Bilder, die sie empfangen, werden von Licht, Farbe, Wärme und Klängen begleitet.

Wir streiten die Existenz der Hellsichtigkeit nicht ab.

Die Hellsichtigkeit ist der sechste Sinn, dessen Chakra zwischen den Augenbrauen sitzt und sechsundneunzig Strahlen hat.

Was wir wollen, ist das Konzept zu erweitern und den Studenten zu verstehen geben, dass der andere Name für Hellsichtigkeit Imagination ist.

Die Menschen haben den Gebrauch und die Handhabung der göttlichen Hellsichtigkeit vergessen und es ist notwendig, dass unsere Schüler wissen, dass die Imagination dasselbe ist wie die Hellsichtigkeit oder der sechste Sinn, der zwischen den Augenbrauen sitzt.

Viele Menschen glauben, dass die Imagination eine rein mentale Fähigkeit ist und nichts mit dem Stirnchakra der Hellsichtigkeit zu tun hat.

Dieses falsche Konzept existiert aufgrund der Verachtung, die die Intellektuellen der Imagination gegenüber fühlen und der Art und Weise durch die die Okkultisten die wunderbare Fähigkeit der Hellsichtigkeit technisieren wollen.

Das Stirnchakra des Astralkörpers ist eng verbunden mit dem Stirnchakra des Mentalkörpers, mit dem Stirnchakra des ätherischen

Körpers und mit der Hypophyse, die zwischen den Augenbrauen des physischen Körpers sitzt.

Deswegen gehört die Imagination zu allen Ebenen des universalen Bewusstseins. Die Hellsichtigkeit ist genaugenommen dasselbe wie die Imagination, mit der Möglichkeit der Entwicklung, Evolution und des Fortschritts durch die feurige Rose des Universums.

Es ist notwendig, dass die Anhänger dieses Pfades einen ausgeglichen Verstand haben.

Wenn wir über Logik sprechen, beziehen wir uns auf eine transzendentale Logik, die nichts zu tun hat mit den Texten der scholastischen Logik.

Jedes innere Bild hat seine wissenschaftlichen Entsprechungen auf dieser Ebene der physischen Objektivität.

Wenn die Bilder des Schülers nicht mit einem logischen Konzept erklärt werden können, ist es ein Zeichen, dass der Verstand des Schülers vollkommen unausgeglichen ist.

Jedes innere Bild muss logischerweise eine befriedigende Erklärung haben.

Es gibt eine Vielzahl von Schülern, die einen vollkommen unausgeglichenen Verstand haben.

Die gnostischen Schüler müssen die Gelassenheit entwickeln.

Die Gelassenheit ist der mächtigste Schlüssel für die Entwicklung der Hellsichtigkeit.

Der Zorn zerstört die Harmonie der Gesamtheit und beschädigt die Blütenblätter der feurigen Rose zwischen den Augenbrauen.

Der Zorn zersetzt das Astrallicht in ein Gift, das *Imperil* genannt wird, die Blütenblätter der feurigen Rose zwischen den Augenbrauen beschädigt und die Kanäle des großen sympathischen Nervensystems blockiert. Es ist notwendig, die Chakras der Hellsichtigkeit mit dem Vokal „I“ zum Rotieren zu bringen. Dieser Vokal muss täglich vokalisiert werden und sollte folgendermaßen verlängert werden: Iiiiiiiiiiiiiiiii …

Wir müssen die inneren Bilder im Zustand der erhabenen Gelassenheit des heiß lodernden Verstandes betrachten, ohne den depressiven Prozess des Denkens.

In Gegenwart eines inneren Bildes muss unser Verstand vollständig mit dem süßen Fluss der Gedanken fließen.

In Gegenwart der imaginativen Bilder wird unser Verstand mit den Wellen des Urteilsvermögens vibrieren.

Das Urteilsvermögen ist die direkte Wahrnehmung der Wahrheit ohne den Prozess der konzeptuellen Auswahl.

Der Prozess der Auswahl teilt den Verstand in den Kampf der Antithesen, dann verstecken sich die inneren Bilder, wie die Sterne hinter den stürmischen Wolken des Denkens.

Wir müssen lernen, mit dem Herzen zu denken und mit dem Kopf zu fühlen. Unser Verstand muss ausgesprochen sensibel und feinfühlig werden.

Der Verstand muss sich von allen Arten der Fesseln befreien, um das Leben zu verstehen, das frei in seiner Bewegung ist.

Wir bewundern die Kühnheit.

Alle Arten von Wünschen sind Fesseln für den Verstand.

Die Vorurteile und Voreingenommenheiten sind Fesseln für den Verstand.

Die Schulen sind Käfige, in denen der Verstand eingesperrt ist.

Wir müssen lernen, immer in der Gegenwart zu leben, weil das Leben ein ewiger Moment ist.

Unser Verstand muss sich in ein flexibles und feinfühliges Instrument für den Innersten verwandeln.

Unser Verstand muss sich in ein Kind verwandeln.

Während der Übung der Meditation müssen wir in absoluter innerer Ruhe sein, weil jede Bewegung des Verstandes und jede Art von Ungeduld den Verstand stört und die Wahrnehmung der inneren Bilder behindert.

In der physischen Welt ist jede Aktivität von Bewegungen unserer Hände, Beine, etc. begleitet. Aber in den inneren Welten benötigen wir tiefste Ruhe, absolute Gelassenheit, um die inneren Bilder zu empfangen, die in den Verstand kommen, wie eine Gnade, wie ein Segen.

Es ist unerlässlich, dass unsere Schüler die wunderbare Eigenschaft der Verehrung entwickeln.

Wir müssen alle heiligen und göttlichen Dinge zutiefst verehren. Wir müssen alle Werke des Schöpfers zutiefst verehren.

Wir müssen die ehrwürdigen Meister der universalen weißen Bruderschaft zutiefst verehren. Der Respekt und die Verehrung öffnen die Tore der himmlischen Welten für uns.

Wir dürfen niemanden bevorzugen, wir müssen einem Bettler und einem Herrn mit dem gleichen Respekt und der gleichen Verehrung begegnen.

Wir müssen die gleiche Höflichkeit den Reichen und den Armen, den Aristokraten und den Bauern entgegen bringen, ohne jemanden zu bevorzugen.

Wir müssen Geduld und Besonnenheit entwickeln. Die Ameisen und die Bienen sind geduldig und besonnen. Wir müssen dem Horten und der Gier ein Ende machen. Wir müssen lernen, dem Gold und dem Reichtum gegenüber gleichgültig zu sein.

Wir müssen lernen, mehr die Doktrin des Herzens zu schätzen.

Derjenige, der die Doktrin des Herzens verachtet, weil er der Doktrin des Auges folgt (Theorien, Schulen, Wissen aus Büchern, usw.), kann niemals die große Verwirklichung erreichen.

Wir müssen lernen, das Gute im Schlechten und das Schlechte im Guten zu erkennen.

In allem Schlechten gibt es etwas Gutes, in allem Guten gibt es etwas Schlechtes.

Obwohl es unglaublich erscheint, sind die Maria Magdalenas der Einweihung viel näher als viele unschuldige Mädchen.

Obwohl es dem Schüler seltsam erscheinen kann, ist manchmal derjenige der Einweihung näher, auf den alle mit dem Finger zeigen, als der Scheinheilige, der vor der Gemeinde einer Loge oder eines Tempels sanft lächelt.

Paulus von Tarsus war vor dem Ereignis, das auf seiner Reise nach Damaskus stattfand, ein Henker und Mörder.

Diese augenblickliche Umwandlung dieses Mannes überraschte die Heiligen von Jerusalem.

Der Bösewicht verwandelte sich in einen Propheten.

Das ist das Mysterium des Baphomet.

Die heiligen Objekte der Tempel stützen sich auf tierische Sockel und die Beine des Thrones der Meister sehen wie Monster aus.

Christus wusste die Schönheit der Zähne im Kadaver eines Hundes zu schätzen.

Im Dämon Beelzebub loderten blaue Flammen, die dazu dienten, ihn in einen Schüler der weißen Hierarchie zu verwandeln.

Im Weihrauch des Gebetes verbirgt sich oft das Verbrechen.

Der Schüler darf weder jemanden verurteilen, noch kritisieren, um ein reiches inneres Leben zu entwickeln.

Manchmal ist es ein Verbrechen zu sprechen und manchmal ist es ein Verbrechen zu schweigen.

Es ist genauso schlecht, zu sprechen, wenn man schweigen sollte, wie zu schweigen, wenn man sprechen sollte.

Man muss lernen, mit dem Wort umzugehen und genau das Ergebnis unserer Worte abzuschätzen.

Das gleiche Wort kann für eine Person ein Segen sein und für eine Andere eine Beleidigung.

Deswegen müssen wir, bevor wir sprechen, das Ergebnis sehr genau abschätzen.

Die Herren des Karmas richten nach den Tatsachen, ohne die guten Absichten in Betracht zu ziehen.

Unser Verstand muss einfach und bescheiden sein und erfüllt von tiefstem Respekt.

Unsere Schüler müssen jedes Streitgespräch vermeiden, um nicht ihre Energie sinnlos zu vergeuden.

Wer die Lehre der Gnostiker akzeptieren möchte, der soll sie akzeptieren, aber wer sie nicht akzeptieren möchte, ist noch nicht reif dafür. Deswegen ist es sinnlos, einen Streit zu beginnen, um jemanden zu überzeugen.

Die Streitigkeiten sollen verboten sein, die Zwietracht mit Worten soll verschwinden, das Gestrüpp soll den Weg freigeben.

Wir müssen die Dankbarkeit entwickeln, weil Undankbarkeit und Verrat sich verbrüdern.

Es ist notwendig, den Neid zu eliminieren, weil die Judasse, die den Meister für dreißig Silbermünzen verkaufen, das Resultat des Neides sind.

Der Neid ist die giftige Blume, die am besten in den finsteren Sümpfen all der spirituellen Schulen der Welt gedeiht.

Der Neid verkleidet sich gewöhnlich mit der Kutte des Richters.

Wir müssen die Aufrichtigkeit entwickeln, weil in der Substanz der Aufrichtigkeit die schönsten Blumen des Geistes sprießen.

All diese Eigenschaften werden uns ein reiches inneres Leben bescheren; so bereiten wir uns innerlich auf die großen esoterischen Disziplinen des Verstandes vor, die in den feurigen Flammen des Universums lodern.

Hinweis: Der Schüler soll die beiden letzten Kapitel gründlich studieren, um seine Vorbereitung zu vervollständigen, um die Kabbala der Vorhersage mit all der Reinheit zu verwenden, die notwendig ist.

Meditiert tief über die Zahl 85 und ihre kabbalistischen Summen.

Sucht in den Tiefen eurer Seele, den dort befindet sich der Schlüssel zur Vorbereitung für die Kabbala der Vorhersage.

85 = 8 + 5 = 13 = 1+ 3 = 4

8 Geduld

5 Intelligenz

13 Mystischer Tod

3 Arbeit mit der göttlichen Mutter

1 Wille

4 Arbeit mit dem Kreuz, mit der Sexualität

Vorhersage - Zusammenfassung

Arkanum 1 Der Magier: der Mann. Schwert, Wille, Macht.

Arkanum 2 Die Priesterin: die Frau des Magiers. Geheime Wissenschaft. Günstig.

Arkanum 3 Die Kaiserin: die göttliche Mutter. Materielle und spirituelle Erschaffung.

Arkanum 4 Der Kaiser: Herrschaft, Fortschritt, Erfolg, Barmherzigkeit.

Arkanum 5 Der Hierarch: die Strenge, das Gesetz. Das Karma. Mars. Krieg.

Arkanum 6 Die Unentschlossenheit: der Verliebte. Sieg. Glück.

Arkanum 7 Der Sieg: der Streitwagen. Kriege, Kämpfe, Sühne, Schmerz, Bitterkeit

Arkanum 8 Die Gerechtigkeit: das Arkanum des Hiob. Leiden. Prüfungen. Schmerz.

Arkanum 9 Der Eremit: die Einweihung. Einsamkeit, Leiden.

Arkanum 10 Die Vergütung: das Rad des Schicksals. Gute Geschäfte. Veränderungen.

Arkanum 11 Die Überzeugung: der gezähmte Löwe. Das Gesetz ist günstig. Man soll keine Angst haben. Mars

Arkanum 12 Das Apostolat: das Opfer. Prüfungen und Schmerz. Das Arkanum A.Z.F. holt uns aus dem Schmerz.

Arkanum 13 Die Unsterblichkeit: Tod und Auferstehung. Umwandlungen. Zeigt vollkommene Veränderungen an.

Arkanum 14 Die Mäßigung: Ehe, Verbindung. Langes Leben. Stabilität. Keine Veränderung.

Arkanum 15 Die Leidenschaft: Tiphon Baphomet. Scheitern in der Liebe. Kündigt Gefahren an.

Arkanum 16 Die Zerbrechlichkeit: der eingestürzte Turm. Strafe. Schrecklicher Fall. Man vermeide dieses Datum.

Arkanum 17 Die Hoffnung: der Stern der Hoffnung. Bedeutet Hoffen und Warten.

Arkanum 18 Die Dämmerung: geheime Feinde. Die geheimen Feinde können in jedem Moment auftauchen. Krankheiten. Keine Geschäfte.

Arkanum 19 Die Inspiration: die strahlende Sonne. Erfolge. Glück. Der philosophische Stein.

Arkanum 20 Die Auferstehung: die Auferstehung der Toten. Günstige Veränderungen, die man nutzen sollte. Die Schwächen sollten beseitigt werden.

Arkanum 21 Die Transmutation: der Verrückte, die Unsinnigkeit. Totale Entmutigung, die zum Schlechten führt. Magischer Schlüssel: die Rune Olin. Antithese, Feinde von Hiram Abif.

Arkanum 22 Die Wiederkehr: die Wahrheit, die Krone des Lebens. Sieg. Alles geht gut. Macht. Kraft. Glück.

Befragung des Tarot

1. Die Kerzen auf dem Altar anzünden oder drei Kerzen benutzen.

2. Ein Pentagramm aufstellen.

3. Die 22 großen Arkana von den kleinen trennen.

4. Das Zeichen des mikrokosmischen Sterns machen und sich dadurch schützen. Den Vater anrufen und den Heiligen Geist um Erleuchtung bitten.

5. Die 22 großen Arkana verdeckt mischen; eine Karte der großen Arkana herausziehen und sie beiseitelegen, ohne sie anzusehen.

6. Die 56 kleinen Arkana mischen und eine Karte herausziehen, noch einmal mischen und eine weitere Karte der kleinen Arkana ziehen, insgesamt drei Karten.

7. Die Zahlen der drei Karten zusammenzählen.

Ist das Ergebnis größer als 22, zählt man die Zahlen noch einmal zusammen; das Endergebnis ist die Karte der Vorhersage, das Resultat.

Dieses wird durch die Bedeutung der zwei kleinen Arkana verdeutlicht.

1. Beispiel

Großes Arkanum: 11
1. Kleines Arkanum: 26
2. Kleines Arkanum: 42

Der gezähmte Löwe: 11
Das Wunder: 26 = 2 + 6 = 8
Der Vorrang: 42 = 4 + 2 = 6

11
08
06
Ergebnisse: 25 = 2 + 5 = **7 (Antwort: der Sieg)**

2. Beispiel

Großes Arkanum: 10
1. Kleines Arkanum: 30
2. Kleines Arkanum: 59

Die Vergütung: 10
Der Austausch: 30 = 3 + 0 = 3
Die Offenbarung: 59 = 5 + 9 = 14 = 1 + 4 = 5

10 + 3 + 5 = 18 (Antwort: die Dämmerung)

Es ist notwendig, die 22 Arkana zu kennen. Wenn man sie kennt, kann man den praktischen Teil der Vorhersage auf intelligente Weise in Fällen großer Wichtigkeit nutzen. Man muss die Bedeutung der Vorhersage kennen. Man legt die Karten von einem astralen, mathematischen Standpunkt aus; bittet um die Hilfe des Heiligen Geistes, man benutzt die Zahl, die Mathematik. Alle Gesetze bestehen aus Zahlen, Maßen und Gewichten. Viele Leute benutzen das Tarot auf empirische Weise, das ist falsch.

Die kabbalistische Vorhersage sollte man zuletzt lernen; damit wir die Zahlen weise nutzen können, müssen wir die Bedeutung jeder Karte studieren und verstehen.

Die gnostische Verehrung des Agnosthos Theos

Liebe Brüder ist es Zeit zu verstehen, was das Sein wirklich ist, was unsere Studien sind, was die Gnosis ist. Vor allem sollten wir den Agnostos Theos, den absoluten abstrakten Raum verehren, bedingungslos und ewig.

Zweifellos ist die unbekannte Gottheit das, was keinen Namen hat; Jener, das Namenlose, das Unbeschreibliche.

Das Absolute ist jenseits von allem, was Form und Gestalt, Menge, Qualität, Zahl, Größe und Gewicht hat; es ist, was nicht ist, was keine Form hat, das Wahre.

Wenn wir diese Art von Begriffen benutzen, sollten Sie sie von einem intuitiven Standpunkt aus verstehen; wenn ich sage, e*s ist, was nicht ist,* müssen wir dessen tiefe Bedeutung erfassen.

Eine Art zu sein, wäre die, die wir in unserem Verstand haben, aber „Jener" ist nicht das, was wir in unserem Verstand haben; deshalb sage ich: *es ist, was nicht ist*; dieses „Nicht-Sein", das das wahre Sein ist. Nur so können wir etwas verstehen, denn „Jener" ist jenseits allen Verständnisses.

Sat, das Unmanifestierte gehört zweifellos zum „negativen Aspekt des Lichts".

Wir sind gewöhnt, an das Licht in seinem positiven Aspekt zu denken, aber der negative Aspekt des großen Lebens ist weit jenseits von allem, was wir verstehen können, weit jenseits der Sephiroth der Kabbala, weit jenseits der Stille und des Klanges, und der Ohren, um ihn wahrzunehmen; weit jenseits der Gedanken, Worte und Taten.

Wenn man von „negativer Existenz" spricht, müssen wir „Jenes, was nicht ist und doch ist" verstehen. Das unerschaffene Licht ist der negative Aspekt des Lichts, es ist das Wahre; die „negative Existenz" sollten wir in dem Sinne verstehen, dass es nicht manifestiert ist, dass es sich hinter dem Schleier der Manifestation verbirgt.

Zum Beispiel ist der Alte der Tage in jedem von uns Malkuth, d. h., der niedere Aspekt für das Absolute. So wie Malkuth in der kosmischen Manifestation, d. h., in der physischen Welt, der niederste

Aspekt der zehn Sephiroth ist, ist der Alte der Tage, mit all seiner Pracht, Majestät und Herrschaft der Malkuth für das Absolute.

Aus dieser unbekannten Gottheit, die sich latent in allem was ist, was war und was sein wird, befindet, entsteht die gesamte Emanation: die Unaussprechlichen, das Heer der Stimme, das große Wort, die heiligen Götter, die Herrscher des gesamten Universums.

Sie sind nichts anders als Manifestationen der unbekannten Gottheit des Agnostos Theos.

Nun, meine lieben Brüder, vergessen wir nicht Jehova, den Iod-Heve. Wenn ich auf diese Weise spreche, beziehe ich mich auf keine Weise auf jenen anthropomorphen Jehova der Kirche von Rom und Jerusalem und aller dogmatischen Menschen im Allgemeinen; nein, der Jehova, auf den ich mich beziehe, ist der innere Jehova jedes Einzelnen; es ist offensichtlich, dass jeder von seinen eigenen Iod-Heve in sich hat.

Iod ist das männliche Prinzip, Heve ist das weibliche Prinzip; Iod ist unser Vater, der im Verborgenen ist, Heve ist unsere göttliche Mutter Kundalini (das ist der innere, eigene Jehova jedes Einzelnen).

Jesus von Nazareth lehnte jenen anthropomorphen Jehova der Juden ab, diesen biblischen Jehova, den des Gesetzes von Talion, den der Rache. Jesus von Nazareth liebte seinen Vater, der im Verborgenen ist und seine göttliche Mutter Kundalini. Am Fuße des Kreuzes sehen wir ihn zum Vater flehend. Wir sehen den göttlichen Rabbi aus Galiläa und sie am Fuß des Kreuzes und er ist an seinem Kreuz kreuzigt und ruft mit lauter Stimme: *Vater, in deine Hände befehle ich meinen Geist.*

Seine göttliche Mutter Kundalini ist am Fuß des Kreuzes; sie unterstützt ihn in jedem Moment; sie ist Ram-Io. „Ram" ist ein Mantram, das Mantram des Feuers, das Mantram des Tattwas Tejas; „Io" erinnert uns an die Isis-Mysterien; „Io" ist der Punkt innerhalb des Kreises, Lingam-Yoni.

Folglich lehnte Jesus den dogmatischen Jehova eindeutig ab, diesen Jehova, der seine Lehre auf die Rache, *Auge um Auge, Zahn um Zahn,* gründete und unerschütterlich seinen Vater verehrte, der im Verborgenen ist und seine göttliche Mutter.

Den authentischen Jehova muss man also im Inneren suchen; er bringt jeden von uns, jenseits des Bewusstseins, zum Vater, der im Verborgenen ist und zur göttlichen Mutter (Iod-Heve).

Wir erwähnten den absoluten abstrakten Raum, von dem das Heer der Stimme ausströmt, von dem unser persönlicher Jehova, der göttliche Männlich-Weibliche hervorgeht. So sehen wir, dass sich hinter unserer persönlichen Gottheit die abstrakte Gottheit befindet, das Sein unseres Seins, der unbekannte Gott, vor dem sich das gesamte Heer der Stimme niederwirft; die Wahrheit, die keinen Namen hat, die negative Existenz, „Jener", der nicht ist und doch ist.

Denken Sie daran, woher unser inneres Sein stammt; da wir wissen, dass es aus dem Inneren des abstrakten bedingungslosen ewigen Raums hervorkam, müssen wir uns orientieren.

Zunächst einmal ist es unerlässlich, dass unser innerer Vater-Mutter in uns selbstverwirklicht ist; das ist möglich, wenn wir uns selbst verstehen, wenn wir aus unserer Natur, die unmenschlichen Elemente, die wir in uns tragen, eliminieren.

Schauen wir, was in unseren Tiefen existiert. Es ist unser Vater-Mutter, unser ursprünglicher Elohim, der aus dem unbekannten Gott hervorgegangen ist, aus dem unergründlichen Licht, dem abstrakten, bedingungslosen ewigen Raum. Und er kam mit einem Ziel und dieses ist, in uns Gestalt anzunehmen, sich selbstzuverwirklichen, sich in uns zu kristallisieren.

Ist das möglich? Ja, das ist es!; aber wir benötigen erstens, ich wiederhole, die Eliminierung der unmenschlichen Elemente, damit er sich durch uns ausdrücken kann; zweitens benötigen wir die Erschaffung der Werkzeuge oder Vehikel, die fähig sind, ihn aufzunehmen, ihn zu umhüllen, ihn zu schützen; Vehikel, die eine starke Konstitution haben und doch elastisch und dehnbar, erhaben sind.

Welche Art von Vehikeln könnte das sein? Gestern sprachen wir über die höheren existenziellen Körper des Seins. Alle Menschen glauben, sie hätten bereits solche Körper (wenn ich sage, „alle Menschen", beziehe ich mich auf die Pseudo-Esoteriker und Pseudo-Okkultisten); leider gibt es nur sehr wenige Menschen, die mit einem Astralkörper geboren werden.

Wenn wir die Menschen genau studieren, sehen wir, dass sie nur die planetarischen Körper besitzen; dieser Körper wird von 48 Gesetzen regiert. Das, was ich sage, wird durch die 48 Chromosomen, die in der Keimzelle existieren, bewiesen.

Wie wir wissen, besitzt das männliche Element 24 Chromosomen, um diese Zelle zu bilden; die Biologen streiten nicht ab, dass das weibliche Element auch 24 Chromosomen besitzt; zusammengenommen haben wir 48, das ist die Zahl, die für eine Keimzelle benötigt wird.

Deshalb wird unser physischer Körper von 48 Gesetzen regiert. Er ist ein wunderbares Werkzeug; leider hat die Menschheit nur dieses Werkzeug. Die vitale Grundlage dieses Vehikels ist der Vitalkörper, der „Linga Sharira" der Theosophen, biothermoelektromagnetische Kondensation, in der sich die Wurzel unserer Existenz befindet. Jenseits dieser Körper ist das Einzige, was existiert, das Ego (und das ist die Menschheit).

Der dreihirnige Zweibeiner, das „intellektuelle Tier", besitzt nur den planetarischen Körper, mit einer vitalen Grundlage und innen, tief im Inneren, befindet sich das *Ego*, das *Ich*, das *ich selbst*, das *sich selbst*. Dieses *Ich*, dieses *Ego*, ist aus verschiedenen unmenschlichen Elementen zusammengesetzt. Unglücklicherweise ist die Essenz eingekapselt, gefangen in diesen erwähnten „Elementen" und es ist offensichtlich, dass sie sich entsprechend dieser Bedingungen verhält.

Wir befinden uns daher in einem katastrophalen Zustand und dennoch sind wir aufgerufen, mit unserer Präsenz den göttlichen Männlich-Weiblichen zu umhüllen, den, der aus dem abstrakten absoluten Raum hervorging.

Aber, was sollen tun, wie sollen wir vorgehen, wie sollen wir handeln, wie sollen wir arbeiten, damit eines Tages unser Heiliger Elohim mit unserer Präsenz umhüllt werden kann? Auf welche Weise?

Vor allem müssen wir beginnen, aus unserer Natur die unmenschlichen Elemente zu eliminieren. Und diese „Elemente", ich wiederhole (und damit es gut verstanden wird, erkläre ich es noch einmal), werden durch die verschiedenen Figuren, die das *Ich* , das *mich selbst*, bilden, verkörpert: Zorn, Gier, Lüsternheit, Neid, Stolz, Faulheit, Gefräßigkeit, usw.

Diese Fehler sind so zahlreich, dass, auch wenn wir tausend Münder hätten, um zu sprechen, wir sie nicht vollständig aufzählen könnten.

Es ist dringend notwendig, unaufschiebbar, diese Fehler zu beseitigen. Jeder von ihnen ist ein unmenschliches Element und in jedem von ihnen ist die Essenz eingekapselt, eingesperrt, die das Wertvollste, das Ehrbarste ist, was wir besitzen.

Zunächst einmal ist es dringend notwendig, zu verstehen, dass es unerlässlich ist, dass wir uns unserer eigenen Fehler bewusst werden. In der Beziehung zu den Menschen, im Kampf um das tägliche Brot, in der Beziehung zu unseren Freunden, zeigen sich die Fehler, die in uns verborgen sind und wenn wir wachsam und aufmerksam sind, wie ein Wächter zu Kriegszeiten, entdecken wir sie.

Ein Fehler, der entdeckt ist, muss vollständig verstanden werden, in allen Ebenen des Verstandes.

Jeder Fehler hat viele Facetten und viele Wurzeln. Wenn wir unsere Fehler mithilfe der Technik der Meditation verstanden haben, wenn wir sie analysiert haben, können wir sie eliminieren.

Wir könnten beispielsweise den Fehler des Zorns verstehen und ihn trotzdem weiterhin haben; wir könnten den Fehler des Neides verstehen und ihn trotzdem innerlich haben. Es ist auch notwendig, ich wiederhole, zu eliminieren und dies ist nur möglich, indem man die elektrische sexuelle Kraft benutzt.

So können wir während der Sahaja Maithuna Devi Kundalini, die feurige Schlange unserer magischen Kräfte anrufen und sie bitten, den entdeckten Fehler zu eliminieren, auszulöschen. Sie handelt, indem sie die Lanze der Minerva benutzt, um ihn zu vernichten.

Erinnern wir uns an jene symbolische Geschichte, in der Jesus, der Große Kabir, im Tempel von Jerusalem die „Kaufleute" mit der Peitsche hinausjagt. So müssen auch wir vorgehen: mit der Peitsche des Willens die Kaufleute des Tempels (Zorn, Gier, Neid, Stolz, usw., usw., usw.) hinauswerfen. Devi Kundalini wird das übernehmen; sie wird die Lanze der Minerva ergreifen und mit dieser außergewöhnlichen fohatischen Kraft die unmenschlichen Elemente eliminieren, die wir in uns tragen.

So, meine lieben Brüder, wird sich das Bewusstsein emanzipieren, befreien und in dem es sich befreit, wird es erwachen, und wenn alle unmenschlichen Elemente aufgelöst sind, dann wird es feurig glänzen, dann werden wir die großen Wirklichkeiten die inneren Welten sehen, hören, spüren und fühlen. Ich wiederhole: Wir müssen die „Kaufleute" aus dem Tempel werfen und das ist eine Frage des Thelema (Wille).

Fahren wir fort, die Arbeit der Vorbereitung ist außergewöhnlich, denn wir müssen wirklich viel arbeiten, um eines Tages mit unserer Präsenz das göttliche Männlich-Weibliche, den inneren Elohim umhüllen zu können, der irgendwann aus dem unerschaffenen Licht, dem abstrakten absoluten Raum hervorging.

Wenn wir ausführlicher darüber sprechen (für die Vorbereitung des Tempels), müssen wir darauf hinweisen, dass es notwendig ist, einen Astralkörper zu erschaffen.

Das Ego auszulöschen ist ein Teil der Arbeit; die höheren existenziellen Körper des Seins zu erschaffen, ist ein anderer Teil, und das Opfer für die Menschheit ist unsere Pflicht.

Mit diesen drei Faktoren der Revolution des Bewusstseins erreichen wir die innere Selbstverwirklichung des Seins; mit diesen drei Faktoren der Revolution des Bewusstseins erwerben wir uns die Fähigkeit, in uns den inneren Elohim, den Vater-Mutter, den persönlichen Jehova, den Iod-Heve zu kristallisieren.

Die Erschaffung der höheren existenziellen Körper des Seins braucht auch viel Geduld; wir müssen das heilige Sperma in Energie umwandeln.

In anderen Zeiten, als die Menschheit das abscheulichen Organ Kundartiguador noch nicht entwickelt hatte, hat niemand das heilige Sperma aus seinem Körper extrahiert; aber als dem intellektuellen Tier das abscheuliche Organ Kundartiguador angefügt wurde, fand er Gefallen daran, das heilige Sperma zu vergeuden.

Wenn wir diese ehrwürdige Materie in Energie umwandeln, können wir die höheren existenziellen Körper des Seins erschaffen, aber vor allem müssen wir die verschiedenen alchemistischen Prozesse verstehen.

Es wurde gesagt, dass wir für das große Werk eine einzige Substanz benötigen. Was für eine Substanz ist das? Wir antworten, das Quecksilber der geheimen Philosophie. Und wo befindet sich dieses Quecksilber? Nun, es ist die metallische Seele des Spermas. Wenn wir die sexuelle Flüssigkeit nicht verbrauchen, verwandelt sie sich in Energie und diese Energie ist das Quecksilber der geheimen Philosophie, d. h., die metallische Seele des Spermas ist das Quecksilber der geheimen Philosophie und diese metallische Seele wird durch Luzifer dargestellt.

Wenn wir von dieser Gestalt sprechen, sollten wir nicht schockiert sein; das ist Luzifer. Aber denken wir nicht an einen anthropomorphen Erzengel, Luzifer ist sehr individuell (jeder von uns hat seinen eigenen individuellen Luzifer).

Luzifer ist einer der Aspekte unseres inneren Seins und in der Tat ist er der Wichtigste; er ist sozusagen der Doppelgänger unseres inneren Logos, die Verdoppelung des dritten Logos in uns, der Schatten von Shiva (der Erzhierophant und Erzmagier).

Es ist wahr, dass er strahlte, hell wie ein unbeschreiblicher Erzengel, er war ein heiliger Kumara; aber als wir in die „tierische Zeugung" fielen, stürzte der, der die Wurzel unserer Sexualität ist, oder einer der wichtigsten Aspekte unseres Seins, da er die Verdoppelung unseres innersten Gottes ist, in die Finsternis dieser Welt und verwandelte sich in den Teufel.

Es gibt so viele Teufel auf der Erde, wie menschliche Wesen; jeder von uns hat seinen eigenen Teufel und dieser persönliche Teufel ist schwarz wie Kohle und strömt durch das Organ Kundartiguator, das negative Fohat, das Feuer der Fatalität, das luziferische Feuer, aus.

Es ist in Ungnade gefallen, nachdem er die großartigste Kreatur war. Niemand kann sich um ihn kümmern, außer uns; wir müssen ihn reinigen und so steht es geschrieben. Die mittelalterlichen Alchemisten sagten: *verbrenne deine Bücher und poliere dein Messing.*

Jeder weiß, dass Messing aus Kupfer gemacht wird und Kupfer ist mit Venus verbunden, dem Morgenstern und dem Abendstern.

„Das Messing zu polieren" bedeutet unseren eigenen inneren Teufel zu reinigen, um ihn zu befreien. Er ist der gefesselte Prometheus; ein Geier frisst unermüdlich seine inneren Organe (der Geier der Begierde). Er ist ein Koloss, er hat Macht über die Himmel, über die Erde und über die Höllen, aber er ist in Ungnade gefallen; wenn wir ihn reinigen, werden wir reichlich belohnt werden.

Aber wie können wir ihn reinigen? Indem wir das *Ego* eliminieren und in uns die höheren existenziellen Körper des Seins erschaffen und uns für die Menschheit opfern.

Bei den Azteken sieht man Luzifer, wie er sich kopfüber in den Abgrund stürzt, ein Symbol unseres sexuellen Falls. Aber es gibt etwas Neues in der Lehre der Azteken: Luzifer trägt den Gürtel eines Büßers, eines Einsiedlers; Luzifer tut Buße. Haben sie schon etwas Außergewöhnlicheres gesehen?

Nun, Brüder, dieser Luzifer ist, sagen wir, die Darstellung unseres philosophischen Steins; tief in uns gibt es dieses Paradigma. Aber er ist eng verbunden mit dem Quecksilber der geheimen Philosophie, sodass es scheint, als ob wir einen Exkurs gemacht hätten bei unserem Vortrag, aber wir haben keinen Exkurs gemacht; man muss sehr aufmerksam sein.

Ich sagte, dass die metallische Seele des Spermas der philosophische Stein ist, ich sagte, dass Luzifer der philosophische Stein ist. Raten Sie: welcher der beiden ist der philosophische Stein? In Wahrheit ist sowohl Luzifer als auch die metallische Seele des Spermas der philosophische Stein; dieser Stein wird von Luzifer verschleiert.

Nun, in der Kathedrale von Notre-Dame in Paris gibt es einen Vogel, einen Raben, der zum kleinen Eckstein blickt. Was sieht man in dem „kleinen Eckstein"? Eine Figur, den Teufel!

Was bedeutet der „Rabe der Fäulnis"? Der Tod! Wir müssen das animalische *Ego* eliminieren, töten, zerstören; nur so ist es möglich, den „Teufel zu reinigen", der in der Ecke des Tempels ist und der seine Befreiung ersehnt, denn er möchte wieder der strahlende Erzengel aus alten Zeiten sein.

Ich wiederhole, diese metallische Seele des Spermas ist außergewöhnlich; sie entstammt dem Chaos, den Samenwassern des Lebens. Aus dieser metallischen Seele wiederum entströmt durch Projektion ein drittes Wasser; es ist das energetische schöpferische Fluidum, das durch die Kanäle Ida und Pingala bis zum Gehirn aufsteigen.

Wenn das Feuer, der Schwefel das Quecksilber befruchtet, beginnt der wunderbare Prozess der Einweihung; aber vergessen sie die drei Aspekte des Quecksilbers nicht:

Erstens: als metallisches Chaos, das einfache Sperma.

Zweitens: als metallische Seele oder Quecksilber.

Drittens: das dritte Wasser, dieses wunderbare Fluidum, das durch die Kanäle Ida und Pingala bis zum Gehirn aufsteigt.

Es wird ein Augenblick kommen, in dem diese Seele, dieser dritte Aspekt, diese sexuellen Fluida, die durch die Kanäle Ida und Pingala aufsteigen, durch das heilige Feuer befruchtet werden (d. h., die Verbindung von Quecksilber und Schwefel in ihrem ersten Aspekt), und all unsere esoterischen Fortschritte basieren auf dem unaufhörlichen Kreuzen von Quecksilber und Schwefel.

Der sexuelle Wasserstoff Si-12, von dem die besten Okkultisten, einschließlich Gurdjieff sprechen, entspricht dem Quecksilber in seinem dritten Aspekt, dem dritten Wasser des Quecksilbers. Wenn dieses Quecksilber sich in seinem ersten Vehikel, dem Astralkörper, kristallisiert, ist es außergewöhnlich und wunderbar; aber damit dieses Quecksilber die Form des Astralkörpers annimmt, muss man es bearbeiten.

Durch die Transmutation wird der Augenblick kommen, indem das Quecksilber diese Form annimmt, und wenn wir einem Astralkörper haben, können wir mit ihm durch den unendlichen Raum reisen.

Viel später wird sich das Quecksilber in Form des Mentalkörpers kristallisieren, und noch viel später in Form des Kausalkörpers (hier sehen Sie die drei Formen der Kristallisation des Quecksilbers).

Wenn diese existenziellen Körper gebildet worden sind, inkarnieren wir die menschliche Seele; aber es genügt nicht, die höheren existenziellen Körper des Seins mit dem Quecksilber zu erschaffen; wir müssen wissen, dass Quecksilber die Aufgabe hat, das Gold des kosmischen Christus in sich zu tragen (der heilige Christophorus, der das Kind trägt oder das Lamm, das sein Vlies trägt, ist eine Allegorie dieser Wahrheit, über die wir sprechen).

Jeder von uns muss vor allem sein Quecksilber vorbereiten; wenn es vorbereitet ist, darf man nicht vergessen, dass sich in ihm das goldene Kind der sexuellen Alchemie entwickeln muss.

Deshalb ist der sexuelle Wasserstoff Si-12, von dem Gurdjieff spricht, nichts anderes als das Quecksilber. Wenn gesagt wird, dass „das Gold sich im Quecksilber entwickelt“, ist das wahr. Aber welche Art von Gold bildet sich? Ich wiederhole: das christische Gold, denn Christus ist das Gold; in diesen Körpern des Quecksilbers muss sich das Gold bilden, das Gold des Christus. Das heißt, der Logos muss in uns Gestalt annehmen; und das ist eine aufwendige, harte, schwierige Arbeit.

Es reicht nicht aus, die höheren existenziellen Körper des Seins zu erschaffen, man muss viel weiter gehen; man muss sie perfektionieren, damit sie später mit den verschiedenen Teilen des Seins umhüllt werden können.

Ich wiederhole, damit alle Anwesenden und alle, die mich hören, es verstehen: Quecksilber ist die grundlegende Materie des großen Werks und hat, wie gesagt, drei Aspekte (und ich wiederhole und erkläre es):

Erster Aspekt: das Chaos der Weisen; das ist die flüssige, halbflüssige, halbfeste Sekretion der Geschlechtsdrüsen.

Und dies geschieht nicht nur bei Männern, sondern auch bei Frauen, denn, wenn der Mann bei einem Orgasmus sein Sperma verliert, verliert die Frau, wenn sie einen Orgasmus hat, auch ihr Sperma (auch die Frau hat ihr Sperma).

Dass die Ärzte die weibliche sexuelle Sekretion nicht „Sperma" nennen wollen, ist eine andere Sache; aber die Alchemisten geben ihr den Namen „Sperma", weil es Sperma ist (und ich spreche in Begriffen der strengen Alchemie, nicht in chemisch, medizinischen, und das sollte in diesem Vortrag klargestellt werden).

Es hat drei Aspekte, das ist wahr; und wenn ich es wiederhole, ist es, damit es verstanden wird; der erste Aspekt, wie ich schon sagte, ist das Sperma.

Der zweite Aspekt ist das Ergebnis der Transmutation; es ist, der vierdimensionale Teil des Spermas, der subtile oder ätherische Teil; die Seele dieses Spermas, die metallische Seele. Das ist das Quecksilber in seinem zweiten Aspekt.

Aber der dritte Aspekt geht aus dem Zweiten hervor. Es ist die Energie, die durch die Kanäle Ida und Pingala bis zum Gehirn aufsteigt.

Die Alchemisten sagen, dass „das Quecksilber vom Schwefel befruchtet werden muss", und Sie sollten mich richtig verstehen. Es ist klar, dass, wenn die solaren und lunaren Atome des Quecksilbers im Triveni, in der Nähe des Steißbeins, zusammentreffen, durch Induktion eine dritte Kraft erwacht, der Schwefel, das Feuer, das siegreich durch den Kanal Sushumna aufsteigt, d. h., durch den Rückenmarkkanal bis zum Gehirn und bei seinem Aufstieg die Chakren, Räder oder wunderbaren Zentren des Vitalkörpers erweckt.

Dann sagt man, dass „das Quecksilber vom Schwefel befruchtet wurde".

Es ist offensichtlich, dass dieses Quecksilber, dass vom Schwefel befruchtet wurde, neue wunderbare Aspekte besitzt. Es verursacht eine erste Schöpfung transzendentaler Art, ich beziehe mich auf den Astralkörper, der nichts anderes ist als Quecksilber, das von Schwefel befruchtet wurde.

Das Ergebnis ist der Astralkörper, der Astralkörper wird gebildet; und alle sollten das wissen!

Gurdjieff hat es nicht gut erklärt, aber ich werde es erklären; mit der Erschaffung des Astralkörpers können wir uns bewusst und positiv durch den unendlichen Raum bewegen.

Man weiß, dass man einen Astralkörper hat, wenn man ihn verwenden kann; so wie man weiß, dass man Füße hat, weil man gehen kann oder Hände, weil man sie verwenden kann; genauso weiß man, dass man einen Astralkörper besitzt, wenn man mit ihm reisen kann.

Auch wenn man den Astralkörper erschaffen hat, ist man nicht fertig, man hat Unsterblichkeit erreicht, in der Welt der 24 Gesetze, d. h., in der Astralwelt.

Denn eine Person, die den Astralkörper nicht erschaffen hat, erlangt hat, ist nicht unsterblich; in der Stunde des Todes wird ihr physischer Körper zu Staub und was in der astralen Welt bleibt, sind die verschiedenen „Elemente“, die das *Ich*, das *ich selbst*, das *sich Selbst* (unmenschliche, infrahumane, bestialische Elemente) bilden.

Diese „Elemente“ kehren wieder zurück …, das ist wahr! Die Menschen wissen unglücklicherweise weder, wie man geboren wird, noch wie man stirbt.

Nachdem man den Astralkörper erschaffen hat, ich wiederhole, muss man einen individuellen Mentalkörper erschaffen, ein mentales Vehikel. Womit kann man ihn erschaffen?

Nun, mit demselben Quecksilber; und mit dem Quecksilber erschafft man den Mentalkörper; mit dem Quecksilber, das auf einer höheren Oktave ist als das des Astralkörpers.

Viel später, ich wiederhole, mit demselben Quecksilber auf einer dritten Oktave, wird der Körper des bewussten Willens erschaffen. Sie sehen also, wie man mit dem Quecksilber die höheren existenziellen Körper des Seins bildet.

Und innerhalb dieses Quecksilbers sollte das Gold erscheinen. Nicht nur das rein materielle Gold, sondern das christische Gold, das spirituelle Gold.

Aber um mich verständlicher auszudrücken: man muss sie dann später aus Gold machen, das heißt, dieses Quecksilber bearbeiten, bis es sich in Gold verwandelt. Der Astralkörper muss zu Gold werden, danach der Mentalkörper, und dann der Kausalkörper.

Das ist es, was man meint, wenn man sagt, dass „sich im Quecksilber das Gold bilden soll."

Natürlich, wenn die Körper zu reinem Gold geworden sind, können sie von der Schlange verschlungen werden. Das ist es, was wir erklären wollen, wenn wir sagen, dass „man die Körper perfektionieren muss und sie dann mit den verschiedenen Teilen des Seins umhüllen muss."

Natürlich, der erste Körper, den die feurige Schlange unserer magischen Kräfte verschlingen wird, ist der Astralkörper; der zweite Körper, den die heilige Schlange verschlingen wird, ist der Mentalkörper; der dritte Körper, den die heilige Schlange verschlingen wird, ist der Kausalkörper.

Viel später wird die feurige Schlange unserer magischen Kräfte die spirituelle Seele und den Innersten verschlingen. Wenn die Schlange die Körper, die wir geschaffen haben, verschlungen hat, wird es nur sie geben und nichts weiter als sie.

Jedoch, das *consummatum est* verleiht der Schlange tatsächlich ungeahnte transzendentale Eigenschaften. Es steht geschrieben: „Die Schlange wird von dem Adler verschlungen"; deshalb sieht man auf der mexikanischen Nationalflagge immer den Adler, der die Schlange verschlingt.

Wenn der Adler die Schlange verschlingt, ist der Adler Herr der Lage; mit anderen Worten, die Schlange wird gefiedert, sie wird zu Quetzalcoatl, dem auferstandenen Meister, dem vollkommenen Meister, dem Kumara.

Davor hat sich unser Luzifer emanzipiert und ist mit der Seele, mit dem Geist verschmolzen und hat diese Körper aus purem Gold durchdrungen, und hat aus der Seele und dem Geist des Menschen etwas anderes gemacht: einen unaussprechlichen Engel; der innere Gott muss in euch, in diesen unaussprechlichen Engel eindringen und dieser Engel, dieser Unaussprechliche wird in den inneren Gott eindringen und wir werden selbstverwirklicht und vollkommen sein.

Luzifer trägt die Mächte in sich; er „misst“. Er gibt uns das Elixier des ewigen Lebens, die vollkommene Medizin und die Macht über alles was ist, was gewesen ist und was sein wird.

Die göttliche Mutter Kundalini, muss die höheren existenziellen Körper des Seins verschlingen, aber damit sie das tun kann, müssen diese Körper in reines Gold verwandelt werden, denn „sie verschlingt nichts Unreines.“

Deshalb, meine lieben Brüder, müssen wir in der Schlange sein und die Schlange muss in uns sein.

So wird der Adler in uns sein, und wir in dem Adler. Mit einem Wort, so wird sich der Vater-Mutter, der unsterbliche Elohim, aus seinem Grab aus Kristall erheben, um auf die Welt zu kommen und durch unsere Augen zu sehen und mit unserer schöpferischen Kehle zu sprechen; so wird jeder von uns aufgerufen, ein Kumara, ein ursprünglicher Elohim, ein großer Meister zu werden.

Aber ich muss sagen, dass die Grundlage dieses gesamten großen Werkes das Quecksilber ist.

Ich werde eine Geschichte erzählen, in der es heißt, dass der heilige Christophorus (eine sehr interessante Geschichte) sagte: „Ich werde dem mächtigsten Mann der Erde dienen?“ Er hörte von einem König und begab sich dorthin. „Herr, man sagte mir, dass du der stärkste Mensch auf der ganzen Erde bist. Ich bin hier, um dir zu dienen.“

Der König ernannte ihn zu seinem Sklaven; er machte einen Sklaven aus ihm. Aber eines Tages sah er, dass der König vor etwas zitterte. Da fragte der Sklave ihn: „Herr, warum hast du Angst?“ Der König antwortete:

„Weil ich Angst vor dem Teufel habe.“

„Dann ist der Teufel mächtiger als du!“

Da ging er weg, und als er eine Straße entlang ging, sah er eine Gruppe von Reitern auf ihren Pferden. Es gab einen, der sie führte, der Anführer, es war der Teufel. Der heilige Christophorus sagte zu ihm:

„Du bist der Teufel?“ Der Reiter antwortete: „Ja, der bin ich.“

„Mir wurde gesagt, dass du der Mächtigste bist und ich möchte dir dienen.“

„Folge mir!“ - sagte der Teufel.

Und er trat in den Dienst des Teufels. Aber später geschah es, dass er sah, wie der Teufel vor einem Kreuz zitterte. Natürlich fragte der Mann den Teufel.

„Und warum zitterst du? Warum hast du Angst?“ Er sagte: „Weil ich mich von dem Christus fürchte.“

„Ach! Dann ist der Christus stärker als du.“

„Ja, er ist stärker.“

„Nun dann werde ich dem Christus dienen!“

Eines Tages traf er einen Mönch.

„Wohin gehst du?“, fragte der Mönch ihn. Der heilige Christophorus antwortete: „Ich bin auf der Suche nach Christus, weil mir gesagt wurde, dass er am mächtigsten ist!“

Der Mönch sagte: „Schau, wenn du dem Christus dienen möchtest, siehst du diesen Fluss?“

Er sagte: „Ja.“

„Dann bringe die Menschen auf die andere Seite, tu etwas für die Armen! Hier gibt es keine Boote, nichts, und mit deiner Kraft kannst du helfen, diese Leute hinüberzubringen.“

Und der heilige Christophorus ging zum Fluss und brachte eine Zeit lang die Menschen von einem Ufer zum anderen. Aber eines Tages kam ein Kind. Der heilige Christophorus hob das Kind auf und versuchte es auf die andere Seite zu bringen, aber das Kind war furchtbar schwer; der heilige Christophorus sagte ungeduldig: „Junge, mach dich nicht so schwer.“

Da antwortete der Junge: „Ich bin schwerer als die ganze Welt. Hast du nicht gesagt, dass du dem Christus dienen willst? Ich bin Jesus, der Christus!“

Natürlich war der heilige Christophorus fassungslos. Er brachte das Kind auf die andere Seite, setzte es auf einen Stein und ein Mönch mit einer Lampe nahm das Kind in seine Arme. Der heilige Christophorus, der das Kind trägt, ist ein Symbol für das Quecksilber, in dem sich das reine Gold, das Gold Christi bilden muss. Das Lamm, das sein Vlies trägt, ist ein weiteres Symbol für das Gleiche.

Der heilige Christophorus symbolisiert das Quecksilber. Jener Engel der „Offenbarung“, der mit einem Fuß auf der Erde und dem anderen im Wasser steht, ein Buch in seinen Händen hält und die rechte Hand zum Himmel hebt und schwört, und von einem Regenbogen umgeben ist, ist nichts anderes als das Quecksilber. Es hat sieben Siegel. Derjenige, der in der Lage ist, die sieben Siegel des Buches der „Offenbarung“ zu brechen, wird sich in einen schrecklich göttlichen Gott verwandeln.

Die Farben des Regenbogens um den Engel, der bei Himmel und Erde schwört, sind nichts anderes, als die Farben des großen Werkes. Dieses Quecksilber ist zunächst schwarz und repräsentiert den Tod der unmenschlichen Elemente; es ist weiß, wenn wir das Recht haben, die weiße Leinentunika zu verwenden; es ist gelb, wenn wir bereits das Recht haben, diese Tunika für den Dienst im Tempel zu benutzen und schließlich rot, wenn man uns das Purpur der Könige überreicht; dieses Purpur wird uns erst überreicht, nachdem die heilige Schlange die Vehikel verschlungen hat, die sie verschlingen muss.

Der gleiche Prozess der Farben des Regenbogens, die über dem Engel erscheinen, wiederholt sich in jedem Körper (im Astral-, im Mental-, im Kausalkörper, usw., usw., usw.). Aber ich wiederhole und betone noch einmal, das, was zählt, ist das Quecksilber.

Es gibt eine alte Malerei, auf der man im Ozean eine wunderbare Fee sieht; sie befindet sich in den Wellen und aus ihren Brüsten fließt Milch in das Wasser; und sie ist gekrönt.

Hier haben wir die drei Aspekte des Quecksilbers. Erstens, das chaotische Wasser, das einfache Sperma; zweitens: die Milch der Jungfrau, das heißt, die metallische Seele des Quecksilbers und drittens, die Krone auf ihrer Brust; diese zeigt uns, das es der dritte Aspekt des Quecksilbers ist, der durch die Kanäle Ida und Pingala aufsteigt, um vom Feuer befruchtet zu werden; derselbe, der später die Form der höheren existenziellen Körper des Seins annimmt.

Betrachten wir ein weiteres Bild des Mittelalters: man sieht einen großen Brunnen; in ihm presst eine Jungfrau ihre Brüste; Christus blutet aus seiner Seite und das Blut fließt in denselben Brunnen; der Brunnen füllt sich, läuft über und die Mischung fließt in einen weiteren Brunnen. Viele Seelen kommen aus dem Fegefeuer und erhalten diese Mischung für ihre Reinigung. Hier sind die drei Aspekte des Quecksilbers. Es sind drei Aspekte. Das Quecksilber hat drei Aspekte, aber ich möchte, dass ihr darüber nachdenkt und alles richtig versteht.

Damit das Werk vollbracht werden kann, muss man der Natur Möglichkeiten geben, die Natur hilft der Natur; wenn die Arbeit am Tag getan werden würde, wäre es nicht richtig.

Wir werden Gold erschaffen, wir werden die höheren existenziellen Körper des Seins erschaffen. Wie können wir das tun?

Imitieren wir die Natur.

Wenn wir die Eier eines Huhns dem Sonnenlicht aussetzen, gehen sie zugrunde, die Küken schlüpfen nicht, und wenn eines schlüpft, lebt es nicht lange, es stirbt. Diese Eier müssen in der Dunkelheit bleiben, damit sie befruchtet werden.

Die Fortpflanzung geschieht immer in der Finsternis, aufgrund der Lage der schöpferischen Organe; das Geschöpf bildet sich in der Finsternis der Gebärmutter, im Mutterleib. Alles entsteht in der Finsternis; die Sonne ist der größte Feind jedes Samens.

Also muss man die Arbeiten mit dem Quecksilber in der Nacht vollbringen, nicht am Tag; ich wiederhole, in der Nacht. Die Körper müssen nach und nach gebildet werden, sie sind die Kristallisationen des Quecksilbers. Aber, ich wiederhole, sie müssen sich vervollkommnen; sie sind vollkommen, wenn sie sich in reines Gold verwandelt haben und sie verwandeln sich in reines Gold, wenn alle unmenschlichen Elemente vernichtet, zerstört, in Staub verwandelt wurden. Man muss verstehen, was ich an diesem Abend erklären habe; wie man den heiligen Elohim holt, wie man ihn mit unserer Gegenwart umhüllt.

Er, der eines Tages aus dem bedingungslosen und ewigen Raum ausströmte, muss auf die Welt kommen; jeder von uns muss sich in einen Elohim des großen Werkes verwandeln und das große Werk besteht darin, sich selbstzuverwirklichen, mit dem Quecksilber der geheimen Philosophie zu arbeiten.

Habt ihr das verstanden, meine lieben Brüder? Wir haben alle Schleier der Alchemie zerrissen; dieses Wissen wurde weitergegeben, aber verschleiert. Jetzt müssen wir all die Schleier zerreißen, damit die Menschheit die Alchemie kennenlernt.

Ich spreche zu euch auf Grundlage meiner eigenen Erfahrung, denn ich habe meinen Verstand in Isis, sonst könnte das nicht erklären.

Ich wende mich nicht an euch mit sinnlosem leerem Gerede und mehrdeutiger Schwätzerei.

Ich drücke mich weder durch das Gedächtnis aus noch erschaffe ich neue Hypothesen, ich sage und enthülle einfach das, was ich gelebt habe; ich wiederhole, ich habe meinen Verstand in Isis und deshalb kann ich euch diese Erklärungen geben.

Arbeitet mit dem Quecksilber, denn das ist das Wichtigste! So erreichen wir es alle, mit unserer Gegenwart den großen Vater-Mutter zu umhüllen, der eines Tages aus dem abstrakten absoluten Raum hervorging.